《股市操练大全》习题集

——股市实战强化训练系列练习之一

主　编　黎　航

副主编　理　应　　王利敏

　　　　马炳荣　　马刚(昔人)

上海三联书店

卷　首　語

　　炒股不练怎么行？练则明，练则通，练则精，练则赢。

　　今天多做一点股市练习，就是为了明天在股市中少承担一点风险，多抓住一些赢利机会。

　　百炼成钢——股市赢家最宝贵的成功经验。

本書特點

- **真实可靠** 所有题目均来自沪深股市、国际股市、国际汇市实战第一线,真刀真枪,让你身临其境。

- **印象深刻** 题题精彩,对做过的习题印象深、记得住、用得上。

- **效果明显** 通过有针对性强化训练,能迅速提高操盘水平,成为股市大赢家。

内 容 提 要

　　《股市操练大全》第一册、第二册问世后,短短的一年多时间就销售了30多万册,深受投资者青睐。读者纷纷来信要求我们再多出一些有针对性的练习题。现在,为了满足读者需要,同时,也为了给《股市操练大全》配套,我们组织有关人员精心设计和编写了一本股市实战习题集。书中将沪深股市10年来股市高手的成功杰作,以及国际股市、国际汇市中多空搏杀的典型案例,改编成形式多样、生动有趣的示例题、练习题,供读者学习、练习。

　　全书分为四个单元:第一单元"熟读炒股七字经,圆你股市赢家梦",将股市中的操作技巧,编成朗朗上口的顺口溜,读来令人印象深刻;第二单元"赢家操作示例",汇集了沪深股市、美国股市、香港股市、国际汇市赢家操作的成功范例,读者阅读这些示例题后可以大大开拓自己投资思路;第三单元"股市操作实战强化训练系列练习",设计了一百多个练习题,读者通过这些练习,可以体会到遵守"股市交通规则",是投资者趋利避险的根本保证;第四单元"股市游艺会",能让读者在轻松、愉快的股市游戏中学到许多股市知识和操作技巧。

　　本书习题设计构思新颖、针对性强、实用化程度高。它对普通投资者,尤其是对在股市中屡遭挫折的中小散户提高股市操作水平有很大的帮助。

《股市操练大全》编写组名单

策　划：黎　航　任　惠

主　编：黎　航

编　委：
林娟卿琳莹伟路囡
建丽栋蓓晓建大三
瑗仪华芹应英珍乾鸣
晶炳厚桂理北爱炳晓
婧沛红晋惠蓓杰琳琳
杭文粉闻任王仁常李
珠敏莹天航峻源翔花
凤沈红正黎李海稆金

目　　录

第一单元 熟读炒股七字经 圆你股市赢家梦

导 语

常言道："熟读唐诗三百首，不会做诗也会吟"。现在，我们把这句话借用过来，用于股市操作上，就成了"熟读炒股七字经，圆你股市赢家梦"。

大家别小看这短短几百字的炒股七字经，其实，这是很多投资者，包括一些股市高手在失败后经过深刻反思总结出来的经验。可以说，无论是中国股市，还是世界股市中的一些投资高手，他们都经历过失败，甚至是一些惨痛的失败，他们之所以能日后东山再起，成为一个杰出的成功人士，最重要的是他们善于寻找失败的原因，善于在实践中不断总结经验。因此，从某种意义上说，这炒股七字经，为投资者少走弯路，站在股市成功人士的肩上，走向股市赢家乐园提供了一条捷径。

毋庸讳言，这炒股七字经还很粗糙，无论是内容，还是文字都值得进一步推敲（读者有何修改意见，望来信告之）。我们相信，在大家的共同努力下，这炒股七字经会越改越好，一定会给熟读炒股七字经的投资者提供更大帮助，早日圆上股市赢家之梦。

炒股七字经

炒股犹如开车子	一看二慢三通过

看图要看 K 线图	买卖信号分清楚
买进重点记什么	且听我来告诉你
早晨之星大阳线	曙光初现倒锤头
旭日东升红三兵	徐缓上升塔形底
稳步上涨钳子底	下探上升锤头线
卖出重点记什么	让我慢慢来细说
黄昏之星大阴线	乌云盖顶吊颈线
倾盆大雨黑三兵	绵绵阴跌塔形顶
双飞乌鸦螺旋桨	射击之星三乌鸦
高开出逃倒三阳	短期强弱看日线
中期强弱看周线	长期强弱看月线
不见大阳不进货	见了阴线才出货
光看 K 线还不够	技术图形不能丢
上涨图形看什么	首先关注潜伏底
其次观察头肩底	双底图形也重要
下跌图形看什么	首当其冲头肩顶
双顶杀跌勿小看	圆顶套你没商量
走势强弱看均线	大盘个股都如此
空头排列如危墙	持币观望是上策
均线向下在发散	买进吃套悔不及
均线出现死亡谷	丢掉幻想快逃命
断头铡刀伤亡多	逃之不及损失大
十日均线向下移	短期趋势好不了

三十日线往下滑	中期趋势大不妙
一年均线朝下走	熊气弥漫快离场
多头排列如芝麻	芝麻开花节节高
均线向上在发散	此时买进正当时
均线出现银山谷	激进型者可进货
均线出现金山谷	稳健型者才买进
均线金叉可做多	金叉真假要分清
假金叉时若买进	上当受骗太可惜
十日均线往上跑	短期趋势呈强势
三十日线向上移	中期趋势坏不了
一年均线朝上走	牛气冲天捂股好
一把直尺闯天下	说的就是趋势线
形成上升趋势线	勇于看多加做多
形成下降趋势线	坚定看空加做空
无需专家来指点	轻松炒股获大利
成交量里有文章	辩证分析不能忘
价升量增虽然好	但有一点要记住
天量之后见天价	涨高之后放大量
无论收阴或收阳	下跌概率非常大
跌时不看成交量	量大量小照常跌
拘泥下跌不放量	深套之后喊冤枉
首次地量别急买	地量之后有地价
戴花要戴大红花	选股跟着政策走

行业好坏有讲究	朝阳行业为首选
业绩变数要把握	主营利润最重要
选股要选董事长	大股东中找机会
股价运动有规律	价格链上显端倪
庄家是否在建仓	换手率中寻线索
庄家是否在逃离	震仓出货须分清
十年风水轮流转	死亡板块可掘金
短线长线有差异	量身定性需测试
炒股技巧数不尽	重点就是这几招
单独分析虽可取	综合分析益更多
顺势操作赚大钱	逆势操作吃大亏
买股要买强势股	卖股要卖弱势股
坚决捂住上涨股	果断抛弃下跌股
思路正确方法对	心态平和水平高
先学后炒是正道	边学边炒成赢家
先炒后学应鼓励	只炒不学不可取
学了之后不忘练	牢记这点最重要
练习题目何处有	操练大全里面找
多做练习生巧劲	强化训练效果好
输钱将是昨天事	日后赢钱机会多

附录:"炒股七字经"名词、术语索引

说明:"炒股七字经"里提到很多名词、术语,这些名词、术语在畅销书《股市操练大全》第一册、第二册和第三册中(该丛书由上海

三联书店出版)有详细介绍。为了便于大家检索,特列表如下(按其出现的先后顺序排列):

序号	名　称	出　　　处
1	早晨之星	《股市操练大全》第一册第 62 页~第 64 页
2	大阳线	《股市操练大全》第一册第 20 页~第 23 页
3	曙光初现	《股市操练大全》第一册第 51 页、第 52 页
4	倒锤头线	《股市操练大全》第一册第 31 页~第 33 页
5	旭日东升	《股市操练大全》第一册第 55 页、第 56 页
6	红三兵	《股市操练大全》第一册第 84 页、第 85 页
7	徐缓上升形	《股市操练大全》第一册第 94 页~第 96 页
8	塔形底	《股市操练大全》第一册第 81 页、第 82 页
9	稳步上涨形	《股市操练大全》第一册第 100 页~第 102 页
10	钳子底	《股市操练大全》第一册第 72 页~第 75 页
11	下探上涨形	《股市操练大全》第一册第 134 页、第 135 页
12	锤头线	《股市操练大全》第一册第 27 页~第 29 页
13	黄昏之星	《股市操练大全》第一册第 64 页~第 66 页
14	大阴线	《股市操练大全》第一册第 23 页~第 27 页
15	乌云盖顶	《股市操练大全》第一册第 52 页~第 55 页
16	吊颈线	《股市操练大全》第一册第 29 页~第 31 页
17	倾盆大雨	《股市操练大全》第一册第 56 页~第 58 页
18	黑三兵	《股市操练大全》第一册第 85 页~第 87 页
19	绵绵阴跌形	《股市操练大全》第一册第 93 页、第 94 页
20	塔形顶	《股市操练大全》第一册第 82 页~第 84 页
21	双飞乌鸦	《股市操练大全》第一册第 135 页、第 136 页

序号	名　称	出　　　　处
22	螺旋桨	《股市操练大全》第一册第 48 页～第 51 页
23	射击之星	《股市操练大全》第一册第 33 页～第 35 页
24	三只乌鸦	《股市操练大全》第一册第 137、第 138 页
25	高开出逃形	《股市操练大全》第一册第 132 页～第 134 页
26	倒三阳	《股市操练大全》第一册第 143 页、第 144 页
27	潜伏底	《股市操练大全》第一册第 285 页～第 287 页
28	头肩底	《股市操练大全》第一册第 236 页～第 238 页
29	双底	《股市操练大全》第一册第 241 页～第 243 页
30	头肩顶	《股市操练大全》第一册第 238 页～第 241 页
31	双顶	《股市操练大全》第一册第 243 页～第 245 页
32	圆顶	《股市操练大全》第一册第 247 页～第 249 页
33	空头排列	《股市操练大全》第二册第 19 页～第 22 页
34	均线向下发散	《股市操练大全》第二册第 36 页～第 41 页,第 46 页～第 49 页
35	死亡谷	《股市操练大全》第二册第 33 页～第 36 页
36	断头铡刀	《股市操练大全》第二册第 97 页～第 99 页
37	多头排列	《股市操练大全》第二册第 16 页～第 19 页
38	均线向上发散	《股市操练大全》第二册第 36 页～第 46 页
39	银山谷和金山谷	《股市操练大全》第二册第 29 页～第 33 页
40	均线金叉	《股市操练大全》第二册第 22 页～25 页,第 99 页～第 106 页
41	上升趋势线	《股市操练大全》第二册第 236 页、第 237 页
42	下降趋势线	《股市操练大全》第二册第 237 页～第 239 页

序号	名　称	出　　处
43	政策选股法	《股市操练大全》第三册第 1 页～第 25 页
44	行业选股法	《股市操练大全》第三册第 25 页～第 43 页
45	董事长选股法	《股市操练大全》第三册第 81 页～第 89 页
46	大股东选股法	《股市操练大全》第三册第 181 页～第 196 页
47	价格链选股法	《股市操练大全》第三册第 149 页～第 168 页
48	换手率选股法	《股市操练大全》第三册第 140 页、第 141 页
49	量身定性一览表	《股市操练大全》第三册第 318 页～第 320 页
50	强势股与弱势股鉴别法	《股市操练大全》第三册第 138 页、第 139 页

第二单元　赢家操作示例

导　　语

　　股市涨跌有无规律可寻？技术分析有无用处？这是在股市中争论得十分激烈的一个问题。

　　否定者说，中国股市是消息市、政策市，股价涨跌完全被消息、政策所左右。消息、政策本身具有随机性，谁也不知道它什么时候会出台，因此，中国股市涨跌是没有规律的。技术分析可谓是英雄无用武之地，学了也白学，根本派不上用处，炒股一切凭感觉和运气。

　　肯定者说，从唯物辩证法的观点来看，任何事物都是有规律可寻的，股市也不例外。股市涨跌一定有它的内在规律，不管消息、政策的作用是大还是小，影响的时间是长还是短，它们都会在股价走势上反映出来。再说，投资者一旦遇到假消息，就很容易受到伤害。因此，广大中小投资者要想在股市中获得长时期的生存和发展，一定要走出听消息炒股的误区，改变乱买瞎卖的操作陋习，学会看盘，学会分析股价走势。惟有如此，才能成为股市中的赢家。

　　以上两方面的意见，究竟是哪一种更有助于投资者的操作呢？我们先不作评论，还是让事实来说话。我们相信，大家看了下面几道示例题后，一切都会明白的。

一、牢记股市重点图形　炼就一对火眼金睛
——上证 B 股 2001 年 2 月至 2001 年 8 月走势释疑

　　股市强化训练班张老师说,2001 年 2 月国家决定 B 股向国内投资者开放。随即沪深 B 股就爆发出了一轮轰轰烈烈的上升行情,在 2001 年 6 月 1 日被允许进入 B 股市场的中小投资者,做梦也不会想到刚进去连两个月的时间都不到,许多人的账面亏损就达到了50%。在一个刚刚开放的市场里,他们还来不及欢笑就阴上了脸。其情景就像是刚被征召到战场的战士,尚未与敌人搏杀,就被流弹击中倒下了。这是一个悲剧,但更悲的是他们根本就不知道是如何被流弹击中的。

　　当然,久经沙场的投资者明白:这些在 2001 年 6 月 1 日冲进去购买 B 股的中小投资者,很有可能买在一个头部,是 B 股这轮上升行情的最后买单者。

　　那么,这些久经沙场的投资者是如何知道 B 股这轮上升行情的头部的呢?说穿了很简单,因为 2001 年 2 月后的上证 B 股的走势仅是以往沪深股市某段走势的翻版而已。在这里,你只要将沪深股市中与之类似的某一段走势拿出来同它进行仔细地比较、分析,你就会知道:沪深 B 股这一轮行情是怎么起步,怎么上涨,怎么结束的;底部在哪里,头部在哪里;什么时候应该买进,什么时候应该卖出;什么时候应该持股待涨,什么时候应该持币观望。为了把这个问题彻底搞清楚,先请大家观察几幅图(见下页图 1 ~ 图 7),看看它们有何相似之处。

　　在大家仔细观察了图 1 ~ 图 7 后,张老师接着说,上面这 7 幅图,除图 1 是上证 B 股 1999 年 11 月 19 日 ~ 2001 年 11 月 2 日的周K 线走势图外,其余的都是沪深股市不同时期的大盘周 K 线[注] 走

势图。其中：

上证 B 股 1999 年 11 月 19 日～2001 年 11 月 2 日的周 K 线走势图

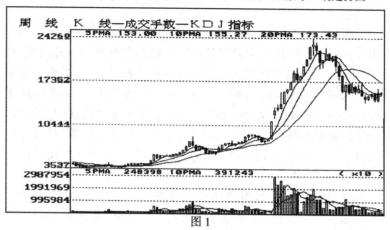

图 1

上证指数 1994 年 2 月 4 日～1995 年 5 月 5 日的周 K 线走势图

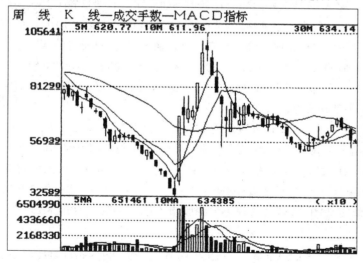

图 2

深证成份 B 股 1998 年 12 月 4 日 ~ 1999 年 12 月 24 日的周 K 线走势图

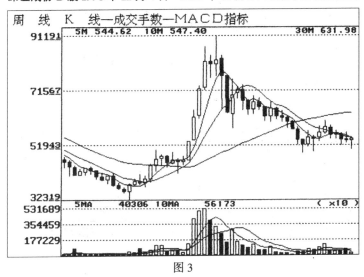

图 3

上证 B 股 1998 年 10 月 23 日 ~ 2000 年 4 月 28 日的周 K 线走势图

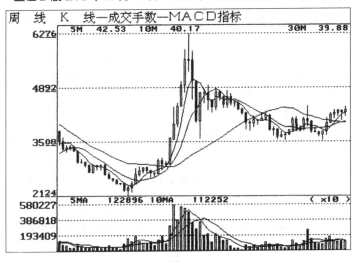

图 4

上证指数 1998 年 8 月 21 日~1999 年 11 月 12 日的周 K 线走势图

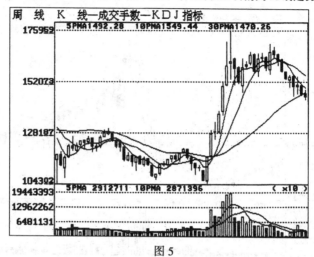

图 5

深证成指 1998 年 8 月 14 日~1999 年 11 月 12 日的周 K 线走势图

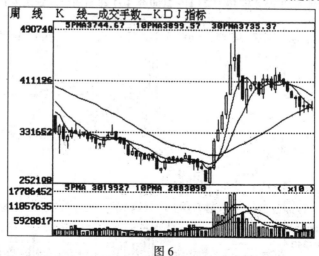

图 6

深证综指 1998 年 8 月 14 日～1999 年 11 月 12 日的周 K 线走势图

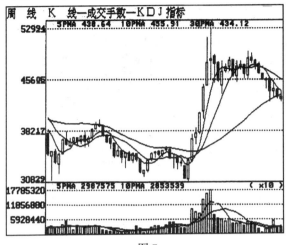

图 7

图 2 是上证指数 1994 年 2 月 4 日～1995 年 5 月 5 日的周 K 线走势图；

图 3 是深证成份 B 股 1998 年 12 月 4 日～1999 年 12 月 24 日的周 K 线走势图；

图 4 是上证 B 股 1998 年 10 月 23 日～2000 年 4 月 28 日的周 K 线走势图；

图 5 是上证指数 1998 年 8 月 21 日～1999 年 11 月 12 日的周 K 线走势图；

图 6 是深证成指 1998 年 8 月 14 日～1999 年 11 月 12 日的周 K 线走势图；

图 7 是深证综指 1998 年 8 月 14 日～1999 年 11 月 12 日的周 K 线走势图。

如果我们把图 2～图 7 与图 1(上证 B 股 2001 年某段时期的周 K 线图)作一个比较,就会发现这几幅图的走势如出一辙,几乎是一个"模子"里刻出来的。它们具有以下几个共同特点(见图 8):

图1～图7各个时期大盘走势的共同特征和投资者见此图形操作策略示意图

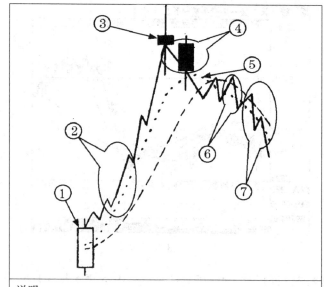

说明：

（1）"……"，表示5周移动平均线；"－ － － － －"，表示10周移动平均线。

（2）"ᐱᐱᐱ"，表示收盘指数曲线。

（3）"╋"也可以以"中"的形式出现。

（4）投资者见此图形的操作策略用①－⑦表示。关于①－⑦具体操作方法的说明，见下页"图8操作要领"简述。

（5）本示意图同样适用于有类似走势的个股。

图8

第一，行情起步时，在周K线走势图上都出现了1根"大阳线"[注]，且收于5周均线上方；

第二，行情展开时，指数都沿着5周均线往上爬升；

———————————

[注] 关于"大阳线"的特征和技术含义，详见《股市操练大全》第一册第20页～第23页。

第三,行情结束时,在周 K 线走势图上都出现了1根"螺旋桨"[注] K 线;

第四,紧接着"螺旋桨"K 线之后拉出了 1 根或几根周阴线,且指数都跌破了"螺旋桨"K 线的下影线;

第五,在 5 周均线下穿 10 周均线,且 10 周均线调头向下之后,走势越来越弱。

在大家搞清楚了图 1～图 7 各个时期大盘走势的共同特征后,接下来的问题就是如何操作了。按照 K 线、均线理论的提示,投资者可按图 8 中"①－⑦"所表示的方法进行操作。下面我们就对**图 8 操作要领**作一番简述:

① 在周 K 线走势图上,指数若拉出 1 根大阳线,且收于 5 周均线上方,就可买进或持股待涨;

② 只要指数能沿着 5 周均线往上爬升,就可一路持股做多(包括换股);

③ 如果在周 K 线走势图中出现"螺旋桨"K 线,那就应开始分批卖出股票,或者全部抛出,留下鱼头鱼尾给他人吃;

④ 股指一旦低于"螺旋桨"K 线的下影线,就应全部抛空出局;

⑤ 5 周均线调头向下,即使指数能够止跌企稳,也不能买进,而应抓紧出货;

⑥ 无论是高位买进者,还是抢反弹买进者,在见到 5 周均线下穿 10 周均线,且 10 周均线调头向下后,应抛弃一切幻想,及时停损离场。否则,投资者很有可能被深度套牢;

⑦ 大盘进入弱势后,投资者应坚持看空、做空,耐心等待入市良机(通常,安全进货时机应把握以下两点:A、调整幅度超过上涨行情的幅度的 1/2;B、调整时间超过上涨行情的时间)。

可见,面对沪深 B 股市场 2001 年 2 月 19 日后扑朔迷离的走势,投资者只要记住图 2～图 7 中任何一个图形的特征,就能知道沪深

[注] 关于"螺旋桨"的特征和技术含义,详见《股市操练大全》第一册第 48 页～第 51 页。

B 股市场向国内投资者开放后,操作时应该怎样做,不应该怎样做,这里不需要专家指点,自己就可以把握机会,规避掉风险。真可谓:"记住股市重点图形[注],炼就一对火眼金睛",稳操股市胜券。

二、重温过去故事　借我一双股市慧眼

—— 上证指数 2001 年 2 月至 2001 年 10 月走势剖析

证券班张老师说,自从 2001 年 6 月 2245 点见顶后,上证指数飞流直下三千尺,一口气暴跌700多点(见图9),投资者损失十分惨重。

上证指数1998 年 11 月 19 日 ~ 2001 年 11 月 2 日的周 K 线走势图

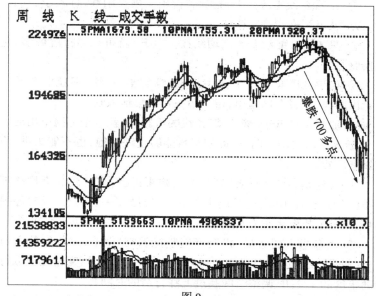

图9

[注] 据统计,在沪深股市中类似本题具有典型意义的图形,总数不超过 30 个。投资者如把这些典型图形的特征记住,那么,将来在分析和判断大盘或个股走势时,就能派上大用处。有关这些具有典型意义的图形,可重点参见《股市操练大全》第一册第二章"技术图形的识别与练习",《股市操练大全》第二册第一章"移动平均线图形的识别与练习"。

坦率地说,当时大家(包括我们)都没有估计到,大盘这次会跌得这么深,竟惨跌到了 1514 点,在政策的感召下才止跌企稳。不过,根据 10 年股市的历史经验,在大盘跌破 2131 点之后,我们就认为大盘的这次回落,很有可能是一轮级别较大的调整行情,这点我们还是估计到了。

那么,作出这个估计的依据是什么呢?仍然是一句老话"股市是在重温过去的故事,其走势在历史上有惊人的相似之处"。在股市中,历史上出现过的走势,现在和将来还会不断地再次出现。

为了说明这个问题,我们不妨先来看一道习题,这道习题原载于《股市操练大全》第一册第 366 页。可能因为这道题是《股市操练大全》第一册最后一道题,所以它给人的印象特别深刻。这道题的题目是:

下面 8 张图中画框处都属于同一种技术图形,你知道它们是什么技术图形吗?并说说你是用什么办法知道的。

另外,请你就这几张图谈谈投资者在遇到这种技术图形时,应如何操作?

现在,把我们题目中提到的有关的两张图形复印出来,以便投资者与本示例题进行比较、分析。

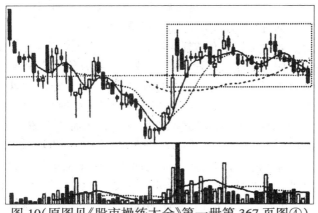

图 10(原图见《股市操练大全》第一册第 367 页图④)

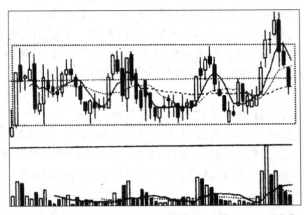

图 11（原图见《股市操练大全》第一册第 367 页图⑥）

看了《股市操练大全》第一册最后一道题中的两张图，你有什么感觉呢？是继续做多还是做空？你不妨仔细地想一想。想明白了，说对了，说明你今后再碰到类似这种图形的走势，就会操作了。在此，我们要恭喜你。如没有想明白，说错了，那也不要紧，因为这是在做习题，不会有什么损失。我们相信，你做了习题后就会明白自己错在哪里。如果你今后再碰到类似这种图形的走势，就会胸中有数，再也不会不知所措了。这道题的参考答案在《股市操练大全》第一册原文里都有，这儿摘录一部分，以飨读者。

这道题的参考答案是这样写的：

（1）下面几张图中画框处都是'矩形'。股价行走到前一高点和前一低点附近时分别遭到空方的阻击和多方的支撑，就此形成了'矩形'的走势……（2）投资者在碰到'矩形'走势时应如何操作呢？下面我们以本题中图①～图⑧为例，分别作些简要介绍……从图④（本书把它列为图 12）中可看出，股价在一轮升势中形成'矩形'走势后，没有继续向上拓展行情，而是向下跌破了支撑线。投资者应在跌破撑线后立即抛空离场，另觅投资良机。从图⑥（本书把它列为图 13）中可看出，股价向上突破'矩形'的上边形线后，随即出现的一根'大阴线'[注]又击穿了原来的压力线,股价重新返回到矩形箱子里运行,这说明往上突破无效。如投资者在它往上突破时跟进做多的,这时应立即停损离场,以避免股价继续下跌带来的损失。……"

附:图10、图11出现"矩形"后的走势。

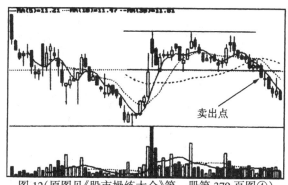

图12(原图见《股市操练大全》第一册第379页图④)

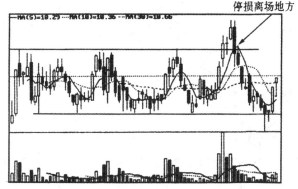

图13(原图见《股市操练大全》第一册第380页图⑥)

[注] 关于"大阴线"的特征和技术含义,详见《股市操练大全》第一册第23页~第27页。

在我们搞清楚"矩形"走势的操作方法后,再回过头来看看上证指数 2001 年 6、7 月份的一段走势。这时我们就会发现,当时大盘的走势,与《股市操练大全》第一册最后一道习题中的图⑥,即本文图 13 的情形十分相似,突破"矩形"上边线后,好景不长,没多久又跌回到上边线下方。这是一个十分典型的假突破图形(见图 14)。投资者

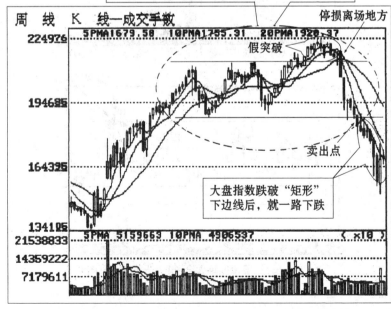

仔细观察 2000 年上证指数走势就会发现,其走势就是 1999 年上证指数某一段走势的翻版。另外,其假突破之后跌破"矩形"上边线的停损离场位置,图 13 中已有过明确提示;跌破"矩形"下边线的卖出点,在图 12 中也有过明确提示。可见,投资者只要做过《股市操练大全》第一册的练习,并严格按照有关规则炒股,就可以免受深度套牢之苦

周 线 K 线—成交手数

停损离场地方

假突破

卖出点

大盘指数跌破"矩形"下边线后,就一路下跌

上证指数 1999 年 11 月 19 日 ~ 2001 年 11 月 2 日的周 K 线走势图

图 14

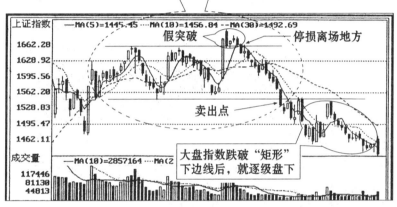

股市就是在不断重复过去的故事。1999年上证指数是在重复以前发生过的故事，而这个故事还会不断重复下去，仅仅两年的时间，这个"故事"又被沪股大盘走势重复了一遍。这是不是在提醒投资者，谁记住的股市"故事"越多，谁就越有可能成为股市中的赢家

上证指数 1999 年 7 月 7 日 ~ 1999 年 11 月 16 日的日 K 线走势图

图 15

见到这种图形走势就不能再看多，而应采取停损离场的措施，规避股市下跌的风险。

类似这种情况，历史上曾经发生过多次。例如上证指数在 1999 年 9 月就上演过冲破"矩形"上边线，随后又跌破矩形上边线的假突破的戏。当时没有看清大盘往上假突破而盲目做多的投资者都遭到了很大损失，特别是当指数跌破"矩形"下边线时仍旧持股不放的投资者，损失最为惨重（见图 15）。这个事情虽然发生在两年之前，但上证指数 2001 年 8 月跌破"矩形"下边线的走势与它又何其相似乃尔（见图 14）。

股市是在不断重复过去的故事，如果我们把时光再倒退到 1993

年7、8月份至1994年3、4月份那段历史,我们就会发现,当时的沪股大盘从1558点见顶大幅回落后,形成了一段"矩形"走势,很多人认为这是大盘在震荡筑底,但谁也没有想到大盘指数一跌破"矩形"的下边线后,股指就一泻千里,直到1994年8月1日管理层推出三大救市政策才止跌(见图16)。这个情况和现在2001年8月大盘跌破1874点"矩形"下边线后狂泻不止,直到2001年10月22日管理层宣布停止国有股减持特大利好消息,使大盘下跌紧急刹车的情形几乎一模一

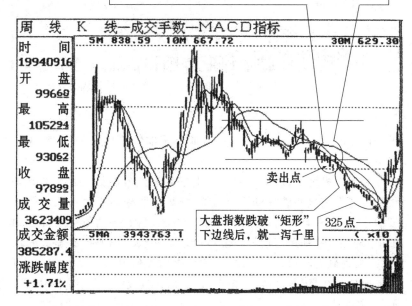

如将沪股大盘2001年下半年后的走势与8年前沪股大盘走势相对照,就会看出前者跌破"矩形"下边线的情形,与后者跌破"矩形"下边线的情形几乎一模一样。投资者如果记住沪市大盘8年前的走势,那么,对沪市大盘2001年下半年后的走势自然会警觉起来,该出手时就会出手

卖出点

大盘指数跌破"矩形"下边线后,就一泻千里

325点

上证指数1992年4月3日~1994年9月16日的周K线走势图

图16

样。因此,投资者一定要记住,大盘或个股一旦经过"矩形"整理往下突破,就是一个非常危险的信号,逃之不及者往往伤痕累累。这种走势过去有过,现在有了,将来仍然会再次出现。只要股市存在一天,股市重复过去故事的现象就永远不会消失。

有人会说,照你这样说,凭技术图形判断大盘走势就不会出现差错?我们不是这个意思。因为,1 个技术图形只能代表 1 个信号。虽然这个信号非常重要,但它包含的信息毕竟有限。因此,仅凭 1 个信号就对大盘或个股的走势作出判断,难免要出差错。我们在《股市操练大全》第一册、第二册里已经说了:出现 1 个卖出信号,下跌概率为 60%;出现 2 个卖出信号,下跌率为 70%;出现的卖出信号越多,下跌概率就越大。其实,沪股 2001 年 6、7 月份发生的暴跌,在其走势图上卖出信号就有很多,我们这里不妨举两个比较重要的卖出信号作些分析。

一、周 K 线走势图上出现"断头铡刀",它对大盘的杀伤力不可小视。

仔细观察上证指数 2001 年 6、7 月份的周 K 线走势,我们就会发现,大盘下跌时出现了 1 根"断头铡刀"长阴线(见图 17)。这个"断头铡刀"对大盘威胁有多大,很多投资者没有想过。但熟悉技术分析的投资者都知道,日 K 线中的"断头铡刀"已使人不寒而栗,周 K 线图中出现"断头铡刀"更使人感到惶恐不安了(见图 18)。那么,什么是"断头铡刀"?为什么投资者看到"断头铡刀"要以退出为佳呢?《股市操练大全》第二册中的第 98 页对这个问题是这样回答的:"看过包青天戏的人都知道,铁面无私的包大人在公堂上放着三把铡刀,分别是龙头铡、虎头铡和狗头铡,无论是皇亲国戚、贪官污吏还是刁民,犯了死罪就要问斩,铡刀之下再硬的脖子也无法抵挡,可见其威力之大。股市中的人们想象力是非常丰富的,也不知何时何地何人,将一根阴线跌破 5 日、10 日、30 日,甚至更多均线的图形称之为'断头铡刀',后来,这个生动形象的比喻一传十、十传百,广泛流传,现在已被市场所认可。在技术上,'断头铡刀'是典型的做空信号。一般来说,大盘或个股在上升及盘整期间,只要出现'断头铡

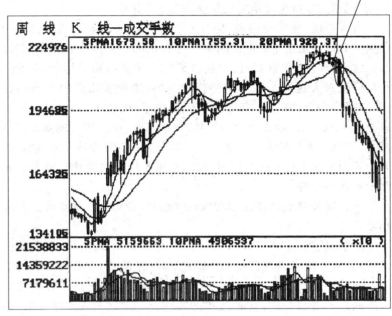

周 K 线上出现"断头侧刀",表明大盘走势已
岌岌可危,投资者如不认清形势,将越套越深

上证指数 1999 年 11 月 19 日~2000 年 11 月 2 日的周 K 线走势图

图 17

刀',继续下跌的可能性就很大。有时,它会引发一轮大的跌势,对
多方造成很大的伤害。"因此,投资者若遇到这种"断头铡刀",一定
要引起高度警惕,决不能麻木不仁,及时止损非常必要,没逃的,逃
之不及的都要为此付出沉重的代价。这在沪深股市历史中已经得
到验证,现在和将来的股市仍然会不断地验证它。

二、周均线向下发散犹如一颗重磅炸弹,投资者一定要高度警
惕。

我们分析沪股大盘 2001 年下半年周 K 线走势时,发现大盘下

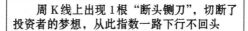
周 K 线上出现 1 根"断头铡刀",切断了
投资者的梦想,从此指数一路下行不回头

上证 30 指数 1997 年 4 月 25 日~1998 年 10 月 16 日的周 K 线走势图

图 18

跌时均线出现了向下发散(见图 19),这对多方来说,犹如空方向自己丢了一颗重磅炸弹。为什么说得如此可怕呢? 因为均线向下发散太厉害了。譬如,看过庐山瀑布的人都会有这样的感受,那飞流直下的瀑布,大有能摧毁一切的气势。均线向下发散,特别是周均线、月均线在高位向下发散,其气势和飞流直下的瀑布十分相似,做多者都会被向下发散的均线冲得体无完肤,伤势惨重(见图 20)。这样的故事在沪深股市中太多了,用不着我们再多举例子予以说明,大家只要打开电脑,查查大盘或个股以前的走势,花上半小时就能找上好几个。

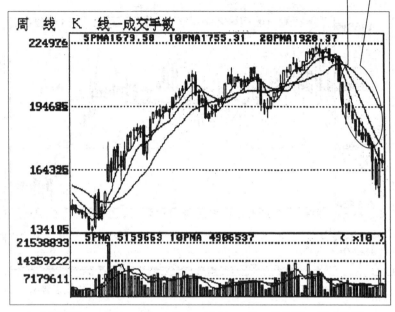

周均线向下发散犹如重磅炸弹，躲之不及，就被炸得遍体鳞伤

上证指数 1999 年 11 月 19 日～2000 年 11 月 2 日的周 K 线走势图

图 19

　　总之，我们不厌其烦地将上证指数 2001 年的走势与历史上类似的走势进行对照、分析，无非是向大家说明一个道理：股市就是在不断重复过去的故事。不熟悉过去的故事（某一段历史走势），又不善于学习操盘技巧的人，无论大势向好还是向坏，无论是做多还是做空，都会感到晕头转向。难怪有人会经常做出顶部看多，高位追涨；底部看空，低位割肉的傻事。出现这种情况固然是一个悲剧，但也是给我们投资者的一个教训，让大家真正体会到："重温过去的故事，借我一双股市慧眼"，才能成为一位股市赢家。

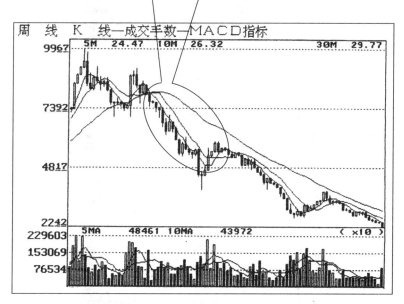

周均线向下发散对多方杀伤力非常大。瞧，当时上证 B 股周均线向下发散后，指数竟狂泻到令人不可思议的 21 点时才止跌

上证 B 股 1997 年 4 月 11 日～1999 年 3 月 5 日的周 K 线走势图
图 20

三、遵守股市交通规则　炒股赢钱梦想成真

——上证指数 2000 年日 K 线走势图买进和卖出信号简述

证券班张老师说：前面我们分析了 2001 年上证指数和上证 B 股的一段典型走势，接下来我们再分析 2000 年上证指数的走势。这次我们换一种方式分析，把《股市操练大全》第一册、第二册提示的买进和卖出信号视为必须遵守的"股市交通规则"，并以此为依据，进行买进和卖出，看看这样操作的结果如何？

下面是"上证指数2000年的日 K 线走势图买进和卖出信号示意图"。

上证指数 2000 年上半年的日 K 线走势图买进和卖出信号示意图

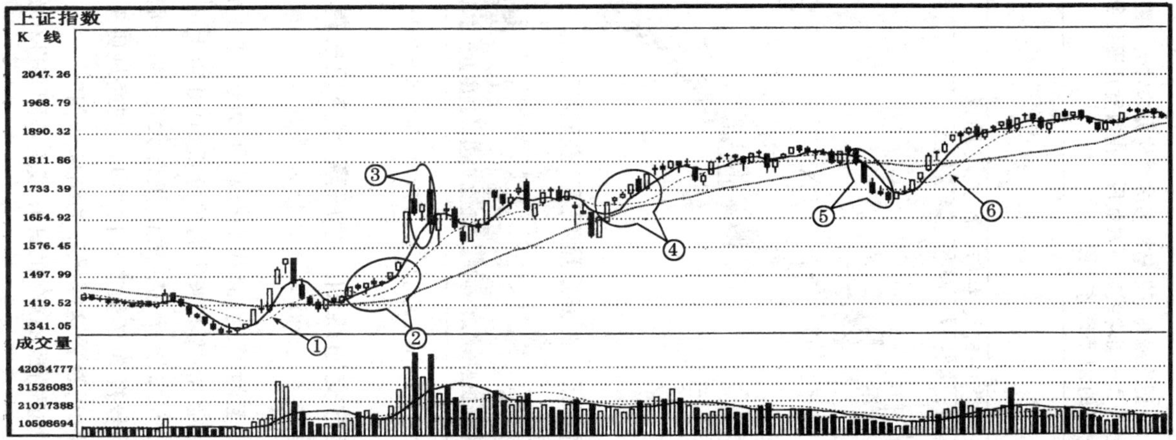

图 21

上证指数 2000 年下半年的日 K 线走势图买进和卖出信号示意图

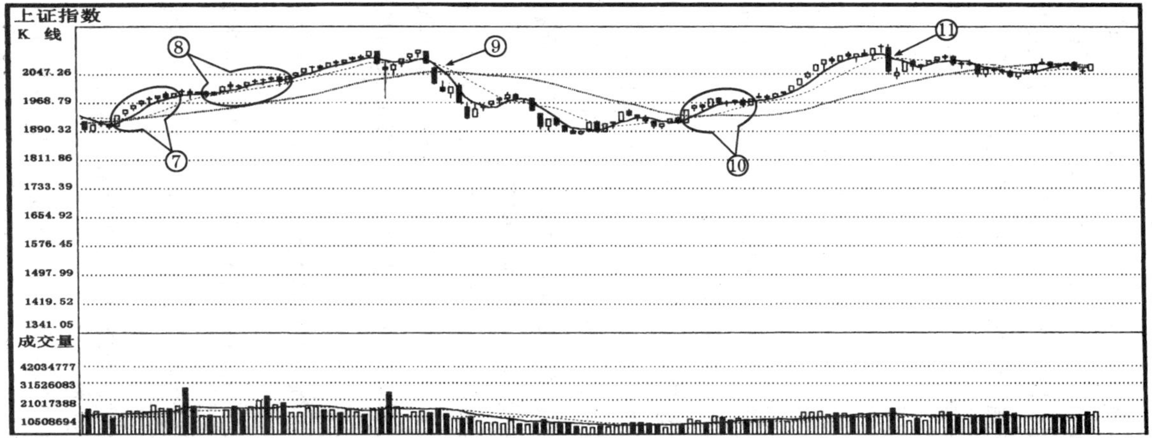

图 22

图21、图 22 买进和卖出信号说明：

（1）上证指数在长期大幅下跌后，出现由 5 日、10 日、30 日均线所构成的"银山谷"[注1]。激进型投资者在此可积极做多，稳健型投资者在此也可少量买进一些筑底成功的强势股或者领涨股。

（2）上证指数受 30 日均线支撑后，以小阴小阳形式稳步上行，使均线形成"多头排列"[注2]。此时，投资者可增仓跟进，以便获得更大的收益。

（3）上证指数在短期内出现快速上涨，乖离率过大后，出现"两黑夹一红"[注3] 的见顶信号。此时，投资者可分批卖出手中涨幅过大的股票。

（4）5 日、10 日、30 日均线出现"再次交叉向上发散形"[注4]。投资者可挑选后来居上的股票买进。

（5）上证指数经过较长一段时间的上涨后，出现 5 日、10 日、30 日均线向下发散状态。此时，持股投资者应以先退出观望为佳。

（6）上证指数出现由 5 日、10 日、30 日均线所构成的"金山谷"[注5]。持币投资者应积极跟进做多，持股投资者既可继续持股待涨，也可将手中的弱势股转换成强势股。

（简评：按照（5）、（6）的买进、卖出信号操作，加上来回手续费，这样一进一出投资回报就成了负数。虽然，这种微亏给投资者带来了一定的损失，但同时也使投资者避开了很大的风险。因为均线向

[注1] 关于"银山谷"的特征和技术含义，详见《股市操练大全》第二册第 29 页～第 33 页。

[注2] 关于"多头排列"的特征和技术含义，详见《股市操练大全》第二册第 16 页～第 19 页。

[注3] 关于"两黑夹一红"的特征和技术含义，详见《股市操练大全》第一册第 115 页～第 117 页。

[注4] 关于"再次交叉向上发散形"的特征和技术含义，详见《股市操练大全》第二册第 54 页～第 57 页。

[注5] 关于"金山谷"的特征和技术含义，详见《股市操练大全》第二册第 29 页～第 33 页。

下发散,下跌概率超过70%,一旦跌下去逃之不及损失就很大。这次出现均线向下发散后,大盘跌下去又很快涨上来了,但这不等于下次出现这样的情况,大盘跌下去就能很快涨上来,抱有这种侥幸心理千万要不得。因此,投资者见到类似这样的图形,只能按(5)所提示的"以先退出观望为佳"。宁愿日后大盘真的涨上来趋势明朗了,再以相对比较高的价格买进,如(6)所述。

通过这件事,我们会明白一个道理:技术分析不是万能的,偶尔做亏的事也会碰到,但如你坚持按照技术上所提示的买进、卖出信号做股票,就会感到这是一桩"吃小亏,占大便宜"的买卖,总算下来是输少赢多。)

(7)5日、10日、30日均线又出现了"再次交叉向上发散形"。投资者仍可少量追加筹码。

(8)5日、10日、30日均线出现"上山爬坡形"[注1]。投资者应继续持股待涨。

(9)上证指数在长期大幅上涨后,出现由5日、10日、30日均线所构成的"死亡谷"[注2]。投资者应果断抛空离场,保住胜利成果。

(10)上证指数在高位出现"均线交叉向上发散形"走势。投资者可少量跟进做多,宜少不宜多,毕竟股市上涨幅度已大,存在着一定风险。

(11)上证指数创出新高后,随即出现一根吞掉许多根K线的"大阴线"[注3],有构成"双顶"[注4]的嫌疑。此时,投资者可分批卖出,甚至可全部抛空出局,留下鱼头鱼尾给他人吃。

[注1] 关于"上山爬坡形"的特征和技术含义,详见《股市操练大全》第二册第60页~第63页。

[注2] 关于"死亡谷"的特征和技术含义,详见《股市操练大全》第二册第33页~第36页。

[注3] 关于"大阴线"的特征和技术含义,详见《股市操练大全》第一册第23页~第27页。

[注4] 关于"双顶"的特征和技术含义,详见《股市操练大全》第一册第243页~第245页。

从图 21～图 22 的买进和卖出信号看,应该说买进信号出现后,在大多数情况下,指数会上涨;卖出信号出现后,在大多数情况下,指数会下跌。这样初步统计下来,准确率在 70% 以上。如果投资者在观察 2000 年上证指数的走势图时,把《股市操练大全》第一册、第二册里有关 K 线、均线图形中的买进和卖出信号,视作必须遵守的"股市交通规则",见到买进信号就买进,见到卖出信号就卖出,扣除来回手续费,那么赚个百分之二、三十还是很有可能的。虽然,这个收益对有些股票做得很好的投资者来说还很低,但是在大多数投资者仍然输多赢少的情况下,这个收益率可以说是比较满意的。当然,我们这里的统计分析,仅仅是对大盘指数而言,并没有涉及到具体个股[注],这样统计出来的结果,与各人的实际收益会存在着一定的差异。但这不是我们现在要讨论的问题,因为我们是想通过这个示例题告诉大家:一些在股市中经常赔钱的投资者只有改掉听消息、凭感觉炒股的陋习,养成严格按照买进和卖出信号进行操作的习惯,才能避开股市风险,抓住股市中的机会,反败为胜,圆上股市赢家之梦。

四、浓缩股市历史　揭示股市赢家秘密
　　——上海股市1990年12月至1999年12月的周K线走势图剖析

　　证券班张老师说:从某种意义上说,股市的历史就是不断重复股市过去故事(某一段走势)的历史。因此,了解股市的历史走势对我们日后进行正确投资有很大的帮助。前面我们已经分析了近两年来上证指数走势的一些情况,接下来,我们再把上海股市从证交所成立后到 1999 年 12 月这段历史走势回顾一下,看看股市赢家是如何根据盘面走势进行操作的。

　　[注]　个股选择的好坏,对投资者收益影响甚大。选股技巧涉及面很广,很难在此展开。读者如要详细了解选股技巧,可参阅《股市操练大全》第三册——"寻找最佳投资机会与选股练习"一书。

因为这段走势时间跨度太长，整整有9年时间，用日K线一张图概括不了，现在先只能以周K线[注1]为单位，把这9年的走势进行浓缩，然后来看看股市赢家是如何分析周K线走势，并依据盘中买进、卖出信号进行操作的。当然，股市赢家赚钱方法很多，我们不可能在此一一罗列，只能从技术上解析他们主要的操作手法，为投资者参与股市提供一些成功的经验。

我们先来观察上海股市1990年12月至1999年12月的周K线走势图(见下页图23)。

下面我们结合图23中的走势，对赢家操作技巧作一些简单分析和说明：

（1）1992年5月21日上海股市放开股价，指数大幅上涨，周K线拉出1根历史上罕见的"大阳线"[注2]。沪市就此拉开了按照市场规律运作的序幕。

（2）这儿虽然出现了1根带有较长上、下影线的阴线，但(仅凭这根周阴线)尚不能确定行情已经结束。赢家操作策略提示：仍可持股观望。

（3）股指在1429点受阻回落，经蓄势再度上冲时，没有创出新高，却在这个位置上出现一个"平顶"[注3]K线组合。赢家操作策略提示：多方已无力再推动股指上升，这个"平顶"K线组合是见顶信号。持股投资者应在此停损离场，持币投资者不应再盲目买进。

（4）此处5周均线已下穿10周均线，形成了"死亡交叉"[注4]。

[注1]　周K线是由周一的开盘价、周五的收盘价、一周中的最高价和最低价而绘制的K线。如要查阅电脑软件中大盘或个股的周K线走势图，操作方法详见《股市操练大全》第二册第422页(9)。

[注2]　关于"大阳线"的特征和技术含义，详见《股市操练大全》第一册第20页～第23页。

[注3]　关于"平顶"的特征和技术含义，详见《股市操练大全》第一册第75页～第78页。

[注4]　关于"死亡交叉"的特征和技术含义，详见《股市操练大全》第二册第25页～第29页。

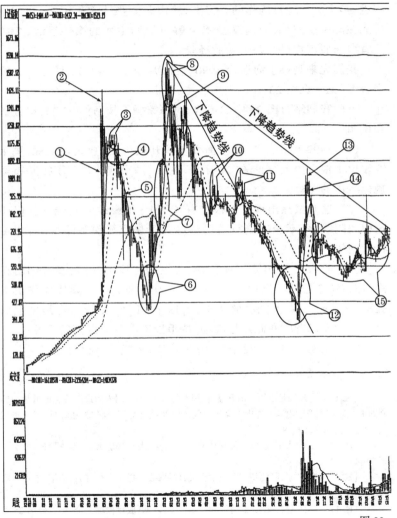

图 23

周 K 线走势图与赢家操作策略示意图

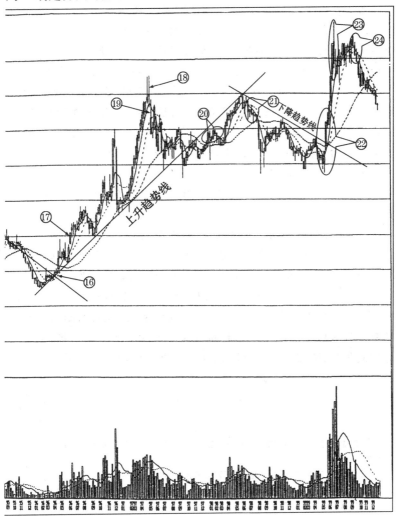

赢家操作策略提示:这是一个明显的卖出信号。此处5周、10周均线形成"死亡交叉",表明大盘进入了跌势,向下寻底已不可避免,持股投资者应在此全部抛空出局,持币投资者应坚持持币观望。

（5）大盘连续下跌后在此处出现1根周阳线。一些没有经验的投资者常常会贸然在此买进。赢家操作策略提示:这根周阳线连5周均线都没有攻克,并不是一个买进信号,只不过是下跌过程中的中间换档形态,大盘下跌动能犹在,盲目买进或补仓,风险很大。

（6）大盘在连续下跌后出现了一个"穿头破脚"[注1]的K线组合,后面的1根大阳线吞吃了前面的4根阴线。赢家操作策略提示:按照K线理论,股价连续下跌后,在低位形成的"穿头破脚"把前面的阴线包容得越多,日后上升的力度就越大。因此,投资者在低位见此买进信号可积极买进做多。

（7）大盘指数沿着5周均线上升。赢家操作策略提示:投资者可继续持股待涨。

（8）1根阴线嵌在前面1根阳线中间,这种K线组合称之为"身怀六甲"[注2]。赢家操作策略提示:股指大幅上扬后出现这样的K线组合,应视为卖出信号。此时,投资者应实行减磅操作。

（9）前面出现1根中阴线后,紧接着又出现了1根"大阴线"[注3],并收于5周均线之下。赢家操作策略提示:前面的上升行情基本告一段落。此时虽不能断言大盘就此步入空头市场,但根据这根高位"大阴线",至少可以预计到大盘将出现一轮调整行情。因此,持股投资者在这个地方应及时停损离场,保住胜利果实,持币投资者不能再盲目买进。再说,判断前面行情基本告一段落,将要出

[注1]　关于"穿头破脚"的特征和技术含义,详见《股市操练大全》第一册第70页~第72页。

[注2]　关于"身怀六甲"的特征和技术含义,详见《股市操练大全》第一册第67页~第70页。

[注3]　关于"大阴线"的特征和技术含义,详见《股市操练大全》第一册第23页~第27页。

现一轮调整行情的另一重要依据是:这轮行情在盘中创出了历史新高,涨到了 1558 点,但随后指数又跌到了上一轮高点 1429 点的下方。这表明大盘向上的突破是假突破,这也是看淡大盘,必须及时退出观望的一个重要理由。

(10)"下降趋势线"下方出现了一轮反弹,但股指很快就回落。赢家操作策略提示:此时,投资者应该看空这个市场,丢掉幻想,抛空出局。因为根据趋势线理论,一旦"下降趋势线"出现,指数或股价将会在下降趋势线压制下,向下不断寻底,直到走出"下降趋势线"为止。这也就是说,只要股指一天不走出"下降趋势线"的阴影,持股做多犹如刀口舔血,风险极大。

(11)从表面上看,这里股指已冲破"下降趋势线"。但是,赢家操作策略提示:股指在这儿冲破"下降趋势线"是一个假象,它不过是长期下跌后的一轮反弹行情而已。而且在这个画圈的地方,几根周 K 线已构成了"黄昏之星"[注1] K 线组合。"黄昏之星"是卖出信号,一旦出现杀伤力很大。因此,此处是抢反弹者离场的地方,逃之不及,损失将十分惨重。

(12)大盘在长期大幅下跌后出现了一个"穿头破脚"的 K 线组合,且向上突破了"下降趋势线"。赢家操作策略提示:积极买进。因为"穿头破脚"的 1 根大阳线把前面的许多根阴线都吞吃掉了。按照 K 线理论,股价连续下跌后在低位形成的"穿头破脚",把前面的阴线包容得越多,日后上升的力度就越大。因此,投资者在大盘深幅下跌后见此买进信号,持股者应持股待涨,持币者可积极跟进。

(13)指数在连续大幅上涨后出现了 1 根"螺旋桨"[注2] K 线。赢家操作策略提示:应视为卖出信号。当然仅凭这根"螺旋桨"K 线,还不能断定此轮上涨行情已经结束。比较稳妥的操作方法是:先期

[注1] 关于"黄昏之星"的特征和技术含义,详见《股市操练大全》第一册第 64 页 ~第 66 页。

[注2] 关于"螺旋桨"的特征和技术含义,详见《股市操练大全》第一册第 48 页 ~第 51 页。

买进,获利较大的投资者,可在此处清仓离场,以保住胜利果实;而刚买进的投资者,应作好随时停损离场的准备。

（14）此处出现的长阴线已将前面1根"螺旋桨"K线的下影线覆盖。赢家操作策略提示:出现这种情况,指数继续下跌的可能性达到80%,持股者应看清形势,认赔出局。

（15）在该区域内股指形成了上下震荡走势。赢家操作策略提示:该区域在下降趋势线下方,上下方向未明,对大多数投资者而言,仍应持币观望,采取以静制动的策略。短线高手可在这个区域内,用少量资金、筹码做低吸高抛,赚取一些差价,但事先要设定止损位,一旦做错就要认赔出局。

（16）指数向上突破了"下降趋势线"[注1],并且5周、10周、30周均线在此构成了"金山谷"[注2]。赢家操作策略提示:这是一个买进信号,激进型投资者可在"金山谷"上方大胆买进,稳健型投资者可在"金山谷"上方分批买进。

（17）"上升趋势线"[注3]已经形成。赢家操作策略提示:大盘发出重要买进信号,持股者可持股待涨,持币者应积极跟进。

（18）指数在连续大幅上涨后出现了1根"螺旋桨"K线。赢家操作策略提示:大盘走势可能要发生逆转,投资者必须提高警惕。当然,仅凭这根"螺旋桨"K线,还不能断定此轮上涨行情已经结束。面对这种情况,比较稳妥的操作方法是:先期买进,获利较大的投资者,可在此位清仓离场,以保住胜利果实;而刚买进的投资者,应作好停损离场的准备。

（19）此处出现的"大阴线"已将前面1根"螺旋桨"K线的下影

[注1] 关于"下降趋势线"的特征和技术含义,详见《股市操练大全》第二册第237页～第239页。

[注2] 关于"金山谷"的特征和技术含义,详见《股市操练大全》第二册第29页～第33页。

[注3] 关于"上升趋势线"的特征和技术含义,详见《股市操练大全》第二册第236页、第237页。

线覆盖。赢家操作策略提示：出现这种情况，指数继续下跌的可能性达到80%，持股者应看清形势，认赔出局。

（20）此处上升趋势线已被击穿。赢家操作策略提示："上升趋势线"跌破后，原来的"上升趋势线"性质起了变化，它对指数的上行由支撑转变为反压。从图中看，指数击破上升趋势线后并没有继续往下走，相反还在小幅上行，但必须注意的是，指数往上走时始终没有返回到这根趋势线的上方。因此，投资者对指数上行应保持一份警惕，持股者要随时作好出局准备，持币者不宜再买进。

（21）指数在"原上升趋势线"的反压下掉头向下。赢家操作策略提示：指数下行到此处，5周均线和10周均线形成了"死亡交叉"，指数继续下跌的概率极大。因此，持股投资者应在此退出，持币投资者不应再买进。

（22）周K线在此处拉出了"大阳线"，并向上突破了下降趋势线，且周均线形成了"再次交叉向上发散形"[注1]走势。赢家操作策略提示：一轮新的上升行情已初步确立。持股者应继续持股待涨，持币者应抓紧机会进货。

（23）大盘连续沿着5周均线大幅上升后，在此处出现"乌云盖顶"[注2]K线组合。赢家操作策略提示："乌云盖顶"为卖出信号。不过仅凭这点还不能断言这轮上升行情已经结束，但短期震荡在所难免。因此，为安全起见，持股者应在此实行减磅操作，持币者不能再盲目跟进。

（24）在这儿出现了"下跌三连阴"[注3]K线组合，5周、10周均线形成了"死亡交叉"。赢家操作策略提示：这些都是明显的卖出信

[注1]　关于"再次交叉向上发散形"的特征和技术含义，详见《股市操练大全》第二册第54页～第57页。

[注2]　关于"乌云盖顶"的特征和技术含义，详见《股市操练大全》第一册第52页～第55页。

[注3]　关于"下跌三连阴"的特征和技术含义，详见《股市操练大全》第一册第138页～第140页。

号,形势向淡的格局已经形成,投资者在这里已别无选择,应即刻停损离场。

五、学会股市数理化　走遍天下都不怕

——K 线、均线、趋势线在国际股市和国际汇市中运用的实例分析

证券班张老师说,"学会数理化,走遍天下都不怕",是以前在教育领域里非常流行的一句话。为什么人们要如此强调数理化呢?因为数理化是一切科学的基础,是人类从事科学研究的通用语言和工具。

那么,股市操作技巧中有没有类似数理化的东西呢?答案是肯定的。根据股市成功人士的操作经验和我们对股市多年研究后发现,K 线、均线、趋势线就是"股市中的数理化"。学会它,终身受益。即使你以后不参与沪深股市,改做外汇交易,或移居海外到美国去做股票,或到香港炒股,等等,都能派上很大的用处。

美国纳斯达克指数 100 周 K 线走势图(截止 2001 年 4 月 9 日)

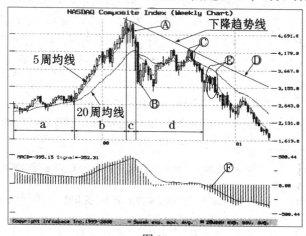

图 24

如若不信,我们带你走进美国股市,看看把 K 线、均线、趋势线比作"股市中的数理化"是不是言过其实。

我们先来观察使海外投资者大喜大悲的美国纳斯达克市场近两年来的走势(见图 24),客观、公正地评判一下 K 线、均线、趋势线在这个成熟的国际股市中所起的作用。

1、图 24 中"a"区域是行情的预热阶段。从图中可以看出纳斯达克指数在上涨起步时,沿着 5 周均线波浪式地往上运行,之后指数就以 45 度的角度沿着 5 周均线往上攀升(见图"b"区域)。这种情况与上海股市 1999 年"5·19"行情中大盘指数沿着 5 日均线往上攀升的情形十分相似(见图 25)。

根据均线理论,当大盘或个股沿着 5 日均线(在周 K 线中为 5 周均线)上升时,只要 5 日均线(5 周均线)不破就可一路持股做多。因此,在纳斯达克指数沿着 5 周均线往上攀升时,最佳投资策略是:

上证指数 1999 年 5 月 5 日至 1999 年 7 月 19 日的日 K 线走势图

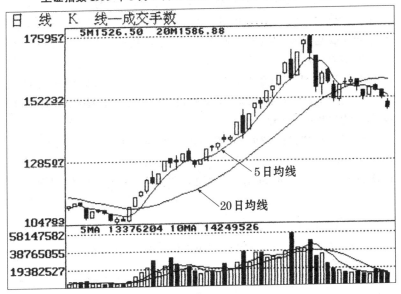

图 25

捂股待涨。这和沪股 1999 年"5·19"行情的操作策略完全相同。事实证明,这一操作策略非常有效,只要投资者按此方法操作都能将这一轮行情赚足。

2、当纳斯达克指数冲上 5000 点时,行情起了急剧变化,指数开始大幅震荡(见图中"c"区域"),这时原来的"上山爬坡形"[注1] 涨升格局已被打破(沪市 1999 年"5.19"行情也是如此,见图 25)。根据均线理论提示:"上山爬坡形"的格局一旦改变,行情很有可能逆转。因此,为安全起见,投资者应在此处停止做多,进行减磅操作。

3、进入高位振荡的纳斯达克指数,在箭头 A 所指处拉出了 1 根中阴线,使 5 周均线掉头向下而失去对指数的支撑作用,形势变得十分严峻。根据 K 线、均线理论提示:投资者应该马上撤退,停损离场。后来,果然不出所料,在这之后的两周时间里大盘出现了暴跌。可见,如果投资者严格按照 K 线、均线理论的提示进行操作,即使在西方这一成熟的股市中,也能做到在高位顺利逃顶。

4、当纳斯达克指数暴跌到 3000 多点时,5 周均线与 20 周均线出现了"死亡交叉"[注2] (见图中箭头 B 所指处)。根据均线理论,当短期均线与长期均线形成死亡交叉,这表明前一轮的牛市上涨行情宣告结束。这时行情性质就起了变化,大盘就此走进了熊市。熊市的操作策略是长空短多,每一轮反弹行情都是投资者逃命的机会。因此,在大盘连续暴跌,乖离率过大时,可暂时持股观望,等待反弹行情出现时出局。

5、在图中"d"区域处,大盘出现了两波反弹行情,但无奈 20 周均线已形成向下趋势,在指数反弹到大盘跌幅一半处,就掉头向下,两次冲击同一高点时都遭到了抛压,形成了小双顶走势。同时,在

[注1] 关于"上山爬坡形"的特征和技术含义,详见《股市操练大全》第二册第 60 页~第63 页。

[注2] 关于"死亡交叉"的特征和技术含义,详见《股市操练大全》第二册第 25 页 ~第29 页。

图中画 C 圈处出现了"倾盆大雨"[注1] K 线组合,这对多方来说也是不详之兆。K 线理论提示:"倾盆大雨"是典型的见顶卖出信号。抢反弹者应在此处结账出局,高位套牢者也应该在这里停损离场。

6、从图中最高点到反弹的最高点画一条直线,这条直线就是"下降趋势线"[注2](见箭头 D 所指处)。按照趋势线理论提示:一旦下降趋势线形成,就如一剑封候,将逼使大盘指数往下走。另外,从图中可看出,画 E 圈处 5 周均线与 20 周均线形成了向下交叉发散态势。根据均线理论提示:均线向下发散,是看淡后市的一个重要信号。投资者还应该注意的是,在这个时候"MACD 也开始下穿 O 轴"[注3](见箭头 F 所指处),这又是一个典型的卖出信号。**下降趋势＋均线交叉向下发散＋MACD 下穿 O 轴**,走势图上同时发出三大卖出信号,这似乎注定了大盘要踏上漫漫熊途。因此,投资者如再不认清形势,抛空出局,将会随大盘指数一起坠入深渊。

说到这里,有人可能会认为美国股市离我们太远,这样的分析并不足以令人信服。那么,我们再来看看国际上另一个成熟的股票市场——香港股市的情况。这次我们不讲大盘走势,专检我们熟悉的 H 股走势进行分析。

2001 年春夏之际,香港市场的 H 股在内地 B 股向国内投资者开放政策的影响下,爆发了一轮轰轰烈烈上涨行情,但涨也匆匆(见图 26～图 29)、跌也匆匆(见图 30～图 33)。其技术走势和国内因受消息影响而暴涨暴跌的个股走势几乎如出一辙。这不由得使人感到:即使成熟的香港股市,投资者也离不开 K 线、均线趋势线这些屡试不爽的技术分析手段,否则,就休想驾驭那些暴涨暴跌的"烈马",

---

[注1]　关于"倾盆大雨"的特征和技术含义,详见《股市操练大全》第一册第 56 页～第 58 页。

[注2]　关于"下降趋势线"的特征和技术含义,详见《股市操练大全》第二册第 237 页～第 239 页。

[注3]　关于"MACD 下穿 O 轴"的特征和技术含义,详见《股市操练大全》第二册第 356 页～第 358 页。

只能被这些"烈马"踩伤、踩死。

涨也匆匆：

香港股市中"东方电机"2001年急速上涨时的日 K 线走势图

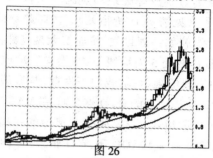

图 26

香港股市中"北人股份"2001年急速上涨时的日 K 线走势图

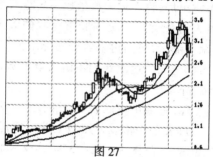

图 27

香港股市中"昆明机床"2001年急速上涨时的日 K 线走势图

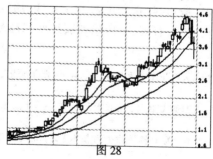

图 28

香港股市中"洛阳玻璃"2001年急速上涨时的日 K 线走势图

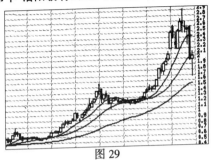

图 29

跌也匆匆：

香港股市中"东方电机"2001年快速下跌时的日 K 线走势图

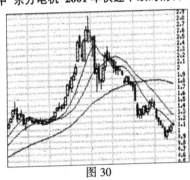

图 30

香港股市中"北人股份"2001年快速下跌时的日 K 线走势图

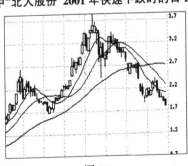

图 31

香港股市中"昆明机床"2001年快速下跌时的日 K 线走势图

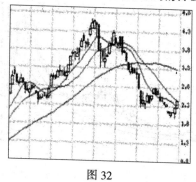

图 32

香港股市中"洛阳玻璃"2001年快速下跌时的日 K 线走势图

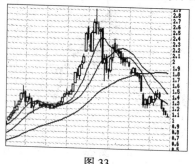

图 33

现在,我们在此作个假设,如果我们完全凭 K 线、均线、趋势线这些技术分析手段,按照内地买卖股票的方式参于香港 H 股的炒作,是不是同样能够获胜呢?

下面我们就以国内投资者熟悉的香港 H 股中的"广船国际"(见图 34)为例,分析一下赢家是如何操作的。

(1) 在图中画 A 圈处,说明"广船国际"在启动前,均线处于粘合状态。图中画 B 圈处均线开始向上发散,K 线形成了稳步上涨的走势。根据均线理论提示:均线"首次粘合向上发散形"是买进信号,投资者可尝试着做多。

香港股市中"广船国际"2001 年大起大落的日 K 线走势图

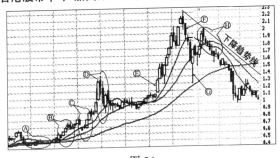

图 34

（2）在图中画 C 圈处，股价回落又拔地而起，创了新高，此时主力做多的意图已十分明显。这时均线呈"多头排列"。根据均线理论提示："多头排列"[注1] 是买进信号。因此，持股者可持股待涨，持币者可积极买进做多。

（3）在图中画 D 圈处，由于股价短期升幅过大，"乖离率"[注2] 超出了正常范围，这时在获利回吐打压下，股价形成了短期回调走势。按照均线理论提示：股价形成上涨趋势后，只要不破中期均线就可继续看多。因此，投资者仍可持股观望。

（4）在图中箭头 E 所指处，股价下跌至中期均线附近，得到了中期均线的支持后，经过一段时间的整理蓄势，多方主力开始向上攻击。根据均线理论提示：此时投资者应守好仓，捂股不放。

（5）股价大幅飙升后出现了回落，在图中箭头 F 所指处收了第2 根阴线，并将前面的向上跳空缺口封闭，行情已出现滞涨现象。根据历史经验，当股价快速上涨后出现急刹车，并不是好兆头。因此，投资者要密切关注股价下一步的走势，如股价跌破 5 日均线就要停

[注1]　关于"多头排列"的特征和技术含义，详见《股市操练大全》第二册第16页~第19页。

[注2]　关于"乖离率"的特征和技术含义，详见《股市操练大全》第二册第378页~第402页。

止做多。低位买进,获利丰厚者应全部清仓出局,以便保住胜利果实;高位买进,已被套牢者也得停损离场,如不能做到这点,也一定要分批撤退,先抛出一半以上筹码,留一小部分筹码,看看下一步走势如何再作定夺。

(6) 在图中箭头 G 所指处,股价跌破 10 日均线,在 30 日均线处受到短期支撑,拉出了 1 根中阳线。根据均线理论提示:在均线快速上扬后,股价回落一旦击穿中期均线,后市大都不妙。但由于图中收了一根中阳线,股价又回到中期均线上方。因此,尚未出局的持股者还可看一看,不一定马上卖出。但已出局的和持币的投资者要管好钱袋,不能再买进。

(7) 在图中画 H 圈处,受中期均线向下拉动的影响,连收了 6 根小阴线,使短期均线与中期均线形成"死亡交叉"。赢家操作策略提示:此处短期均线与中期均线已形成"死亡交叉",股价高点在下移,基本确认这轮反弹行情已经结束,接下去股价将继续向下寻底。因此,不想深套的投资者应抓紧停损离场。

(8) 将图中最高点和反弹最高点连起来画一条直线,就构成了一条"下降趋势线"。此时,多方大势已去。根据趋势线理论提示:一旦"下降趋势线"出现,投资者只能认赔出局。看不清这个形势,继续持股者会越套越深。

说到这里,我们要告诉大家的是:上面我们分析的赢家操作策略,就是国内有操作经验的投资者常用的方法。可见,运用 K 线、均线、趋势线分析香港市场的个股走势,与我们分析沪深股市个股走势并无什么不同。只要分析准确,在沪深股市中能做到趋利避险,在香港股市也同样能抓住机会,避开风险,成为一个股市赢家。

K 线、均线、趋势线独到的分析、判断价格走势所产生的积极效果,不仅在股票市场上得到了充分的表现,在外汇交易中同样可以淋漓尽致地发挥出来。现在让我们再带你走进国际外汇市场。

也许有人会说,且慢,我从来没有做过外汇交易,你讲了我也听不懂。这点请大家千万不要误解,其实,我们这里不是教投资者如何参与汇市交易,只不过想通过分析某些外汇的价格走势,来说明 K

线、均线、趋势线在这中间所起的作用。因此,退一步说,即使你从未参与汇市交易,单凭 K 线、均线、趋势线的提示,也可以做到大致判断出其下一步走势会朝什么方向发展。

下面我们举些例子来说明,图35、图36,是外汇市场中某段时间的"美元兑法郎"、"美元兑日元"的日 K 线走势图。

美元兑法郎日 K 线走势图

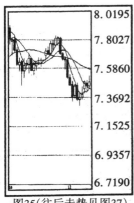

图35(往后走势见图37)

美元兑日元日 K 线走势图

图 36(往后走势见图 38)

我们暂且撇开美元、法郎、日元货币所在国的政治、经济因素对其货币价格走势的影响,即撇开其基本面分析,纯粹从其技术走势进行探讨,也能初步判断出"美元兑法郎"价格要往下走(法朗升值),"美元兑日元"价格要往上走(日元贬值)。其判断依据很简单,图 35 显示"美元兑法郎"的价格虽有所回暖,但从均线系统分析,自从它短期均线、中期均线和长期均线构成"死亡谷"[注1] 后,均线向下发散,形成了"空头排列"[注2]。按照均线理论提示:"死亡谷"、"空头排列"都是走势下跌的催化剂,后市继续下跌的可能性非常大。图 36 显示这几天"美元兑日元"的价格虽有所回落,但从均线系统分析,自从它短期均线、中期均线、长期均线在低位构成"银山谷"后,均线向上发散,形成了"多头排列"。按照均线理论提示:"银山

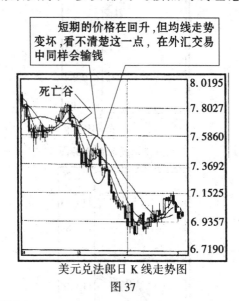

美元兑法郎日 K 线走势图

图 37

[注1] 关于"死亡谷"的特征和技术含义,详见《股市操练大全》第二册第 33 页 ~ 第 36 页。

[注2] 关于"空头排列"的特征和技术含义,详见《股市操练大全》第二册第 19 页 ~ 第 22 页。

谷"[注1]、"多头排列"都是买进信号,后市继续上涨的可能性非常大。往后的事实证明,这样的分析判断完全是正确的(见图37、图38)。

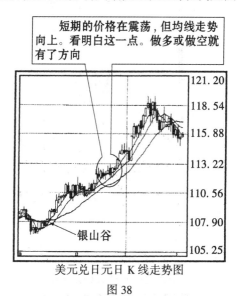

短期的价格在震荡,但均线走势向上。看明白这一点。做多或做空就有了方向

银山谷

美元兑日元日 K 线走势图

图 38

为了使读者能加深印象,在此我们再举几个例子。

图 39,图 40 是同一时期的两张外汇走势图。从图 39 看,其长期均线在往上走,"美元兑瑞郎"的价格下跌有诱空之嫌疑。根据均线理论提示:长期均线往上走,表明价格向上趋势没有改变,因此,投资者仍可对其谨慎看多(见图 41)。从图 40 看,其长期均线下行趋势仍在继续。根据均线理论提示:长期均线下行趋势没有扭转之前,价格继续下跌概率很大。因此,英磅兑美元的价格上涨有构成"多头陷阱"[注2] 的嫌疑,投资者不能盲目看多、做多(见图 42)。

[注1]　关于"银山谷"的特征和技术含义,详见《股市操练大全》第二册第 29 页~第 33 页。

[注2]　关于"多头陷阱"的特征和技术含义,详见《股市操练大全》第二册第 110 页~第 113 页。

美元兑瑞郎日 K 线走势图

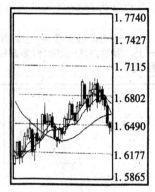

（往后走势见图 41）

图 39

英磅兑美元日 K 线走势图

（往后走势见图 42）

图 40

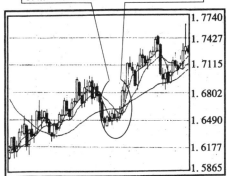

判断外汇走势和判断股价走势的基本原理是一样的。价格下跌，但长期均线往上走，因而投资者就得提防这是不是一个"空头陷阱"[注]。瞧，价格又涨上来了

美元兑瑞郎日 K 线走势图

图 41

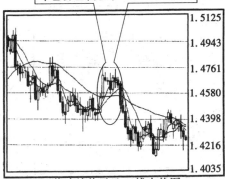

长期均线下行趋势没有改变之前，即使拉出长阳线也不能盲目看多。否则，很容易吃套。类似这样的"多头陷阱"，在股市中也会经常见到

英磅兑美元日 K 线走势图

图 42

[注] 关于"空头陷阱"的特征和技术含义，详见《股市操练大全》第二册第 113 页～第 117 页。

英磅兑美元日 K 线走势图

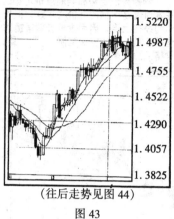

（往后走势见图 44）

图 43

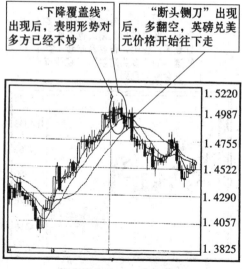

英磅兑美元日 K 线走势图

图 44

又如,图 43 是某段时期英磅兑美元的日 K 线走势图,从其上升时出现的"下降覆盖线"[注1] K 线组合,或过后不久在均线上出现的"断头铡刀"[注2] 方面进行观察,就可以判断出它下一步走势极有可能要往下走(见图 44)。

最后,我们要提醒投资的是,在分析外汇价格的中长期走势时,趋势线能发挥很大的作用。

例如,下面图 45,图 46 是某段时期"欧元兑美元"、"英磅兑美元"的走势图,看了这两张走势图如何操作呢? 大家可以仔细地想一想。

其实,投资者在"欧元兑美元"、"英磅兑美元"的行情中何时做多,何时做空,只要根据趋势线的提示,就能做出一个正确的选择(见图 47、图 48)。

欧元兑美元日 K 线走势图

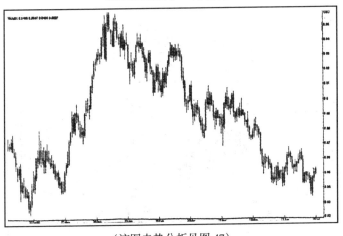

(该图走势分析见图 47)

图 45

[注1] 关于"下降覆盖线"的特征和技术含义,详见《股市操练大全》第一册第 140 页、第 141 页。

[注2] 关于"断头铡刀"的特征和技术含义,详见《股市操练大全》第二册第 97 页~第 99 页。

英磅兑美元日 K 线走势图

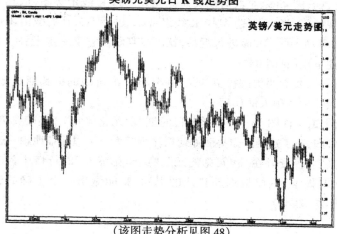

（该图走势分析见图48）

图 46

只要把上升趋势线和下降趋势线画出来，何时做多，何时做空心中就有底了

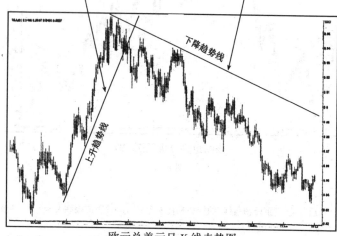

欧元兑美元日 K 线走势图

图 47

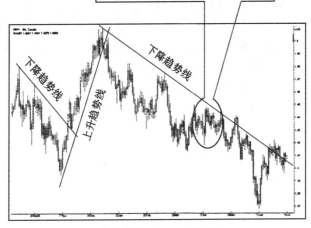

英磅兑美元日 K 走势图

图 48

"学会股市数理化,走遍天下都不怕"这个问题很重要。关于这方面的道理,我们讲了很多,也举了不少例子,目的就是要大家对此引起重视。最后,我们再来归纳总结一下:

第一,K 线、均线、趋势线理论是股市,乃至汇市、期市、债市交易中最具有影响力、最实用的理论,也是当前最重要的一种证券分析工具。不懂 K 线、均线、趋势线,或对其操作理论似懂非懂,常常要为自己的无知付出沉重的代价。

第二,K 线、均线、趋势线是一切技术分析的理论基础。"学会股市数理化,走遍天下都不怕",并非是随便说说而已,它确确实实是股市赢家的经验之谈。我们要在这里郑重地告诉大家:技术分析手段不在于多,而在于精。投资者若能把 K 线、均线、趋势线学深、学透、学精,那么比听消息,听股评,或盲目地学几十种分析技巧、盲目地搬用"先进"的股市软件预测股市要管用得多。

第三,在我国对股市走势起决定性影响的因素是基本面,而不是技术面。因此,在研判大势和选股时,首先要分析国家的政治、经济形势,企业基本面和各种经济政策,这一点我们在《股市操练大全》第三册中已作了详尽的阐述,这里就不展开了。但不可忽视的是,在我国股市中信息不对称、造假的现象非常严重,至今尚未得到有效制止。因此,正确地分析、判断股市盘面走势是投资者防范风险、把握机会的最重要手段。在当前,"学好股市数理化"更有它重要的现实意义。说到底,这也是投资者对自己投资行为的一种自我保护。

第三单元 赢家操作实战强化训练系列练习

一、基础训练

导　语

俗话说,万丈高楼平地起。造房子一定要打好基础,这样造出来的高楼才能坚固结实。学习"股市数理化"也是如此,一蹴而就是行不通的,要学好它,首先要把"股市数理化"中的概念、图形搞清楚,学会识图、辨图。惟有如此,才能打下扎实的基础。故此,本节按排了大量基础性的练习题,供读者学习和练习。请读者牢记:欲速则不达,一步一个脚印,才能走向成功的彼岸。

另外,本节还适量选择了新出版的《股市操练大全》第三册中的一些内容,将其改编成练习题,供读者练习。这些题目都属于基础性题目,读者认真做了后,将有助于加深对《股市操练大全》第三册中选股的基本思路和基本方法的理解,为下一步深入学习选股技巧作好准备。

(一) 填空题

习题1 图49画圈处的 K 线组合叫_____,为____信号。

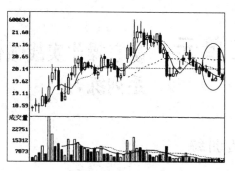

（该股日后走势见图50）

图49

参考答案 高开出逃形 卖出

（关于"高开出逃形"的特征和技术含义，详见《股市操练大全》第一册第132页～第134页）

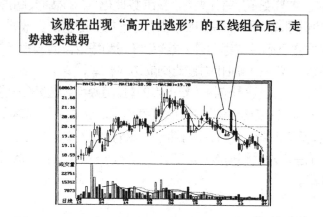

该股在出现"高开出逃形"的K线组合后，走势越来越弱

海岛电子(600634)2001年4月～2001年7月的日K线走势图

图50

习题2 图51画圈处的K线组合叫_____，为____信号。

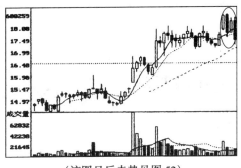

（该图日后走势见图52）

图 51

参考答案 下降覆盖线　　　卖出

（关于"下降覆盖线"的特征和技术含义,详见《股市操练大全》
第一册第 140 页、第 141 页）

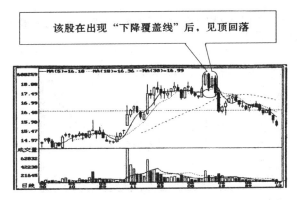

该股在出现"下降覆盖线"后,见顶回落

兴业聚酯(600259)2001 年 3 月～2001 年 7 月的日 K 线走势图

图 52

习题 3　图53画圈处的 K 线组合是_____,为_____信号。

（该股日后走势见图54）

图 53

参考答案 下探上涨形 买进

（关于"下探上涨形"的特征和技术含义,详见《股市操练大全》第一册第 134 页、第 135 页）

> 该股在涨势初期出现"下探上涨形"后,展开了一轮可观的上涨行情

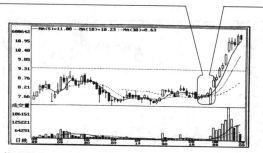

申能股份(600642)1997 年 5 月～1997 年 9 月的日 K 线走势图

图 54

习题 4 图55中画圈处的 K 线组合是_____,为____信号。

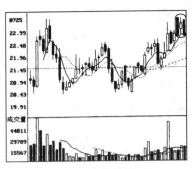

（该股日后走势见图56）

图55

参考答案 两黑夹一红 卖出

（关于"两黑夹一红"的特征和技术含义,详见《股市操练大全》第一册第 115 页～第 117 页）

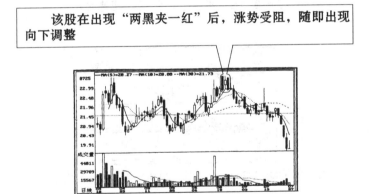

> 该股在出现"两黑夹一红"后，涨势受阻，随即出现向下调整

京东方 A(0725)2001 年 4 月～2001 年 7 月的日 K 线走势图

图 56

习题 5 图57画圈处的 K 线组合是_____,为____信号。

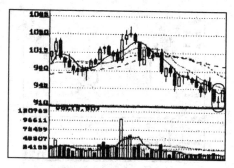

(该股日后走势见图58)

图 57

参考答案 早晨十字星 买进

（关于"早晨十字星"的特征和技术含义，详见《股市操练大全》第一册第 59 页、第 60 页）

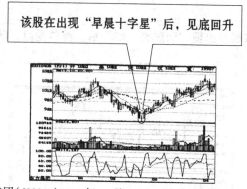

该股在出现"早晨十字星"后，见底回升

东方集团(600811)2000 年 12 月 ~ 2001 年 4 月的日 K 线走势图

图 58

习题 6 图59中画圈处的 K 线是_____,为____信号。

（该股日后走势见图 60）

图 59

参考答案　徐缓上升形　　　　　买进

（关于"徐缓上升形"的特征和技术含义,详见《股市操练大全》
第一册第 94 页～第 96 页）

该股在出现"徐缓上升形"后,继续上涨

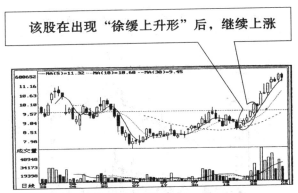

爱使股份(600652)1997 年 5 月～1997 年 9 月的日 K 线走势图

图 60

习题 7　图61中画圈处的 K 线是＿＿＿＿,为＿＿＿信号。

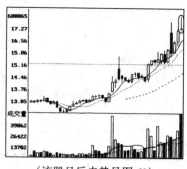

（该股日后走势见图62）

图 61

参考答案   倒 T 字线   卖出

（关于"倒 T 字线"的特征和技术含义,详见《股市操练大全》第一册第 40 页~第 43 页)

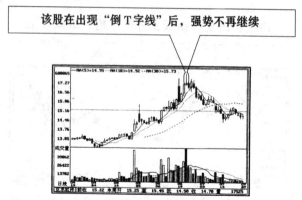

该股在出现"倒 T 字线"后,强势不再继续

大庆联谊(600065)2001 年 4 月~2001 年 7 月的日 K 线走势图

图 62

习题 8   图63中画圈处的 K 线组合是_____,为____信号。

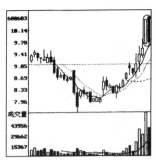

(该股日后走势见图64)

图63

参考答案　　乌云盖顶　　　　卖出

(关于"乌云盖顶"的特征和技术含义,详见《股市操练大全》第一册第52页~第55页)

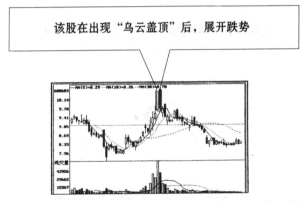

该股在出现"乌云盖顶"后,展开跌势

兴业房产(600603)1997年9月~1997年12月的日K线走势图

图64

习题9　图65中画圈处的K线是_____,为____信号。

(该股日后走势见图 66)

图 65

参考答案 螺旋桨 卖出

(关于"螺旋桨"的特征和技术含义,详见《股市操练大全》第一册第 48 页~第 51 页)

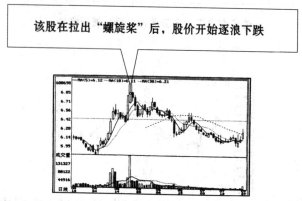

该股在拉出"螺旋桨"后,股价开始逐浪下跌

济南轻骑(600698)2001 年 4 月~2001 年 7 月的日 K 线走势图

图 66

习题 10 图67中画圈处的 K 线组合是_____,为____信号。

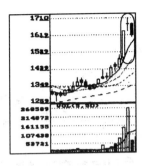

（该股日后走势见图68）

图 67

参考答案 黄昏十字星　　　　　卖出

（关于"黄昏十字星"的特征和技术含义，详见《股市操练大全》第一册第 60 页 ~ 第 62 页）

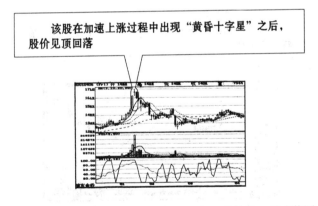

该股在加速上涨过程中出现"黄昏十字星"之后，股价见顶回落

浦东金桥(600639)2000 年 12 月 ~ 2001 年 4 月的日 K 线走势图

图 68

习题 11　图69中画圈处的均线形态是_____，为____信号。

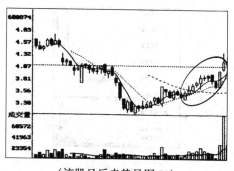

（该股日后走势见图70）

图69

参考答案 首次交叉向上发散形 买进

（关于"首次交叉向上发散形"的特征和技术含义，详见《股市操练大全》第二册第43页～第46页）

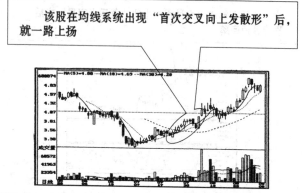

该股在均线系统出现"首次交叉向上发散形"后，就一路上扬

渤海化工(600874)1997年5月～1997年9月的日K线走势图

图70

习题 12 图71 中画圈处的均线形态是_____，为____信号。

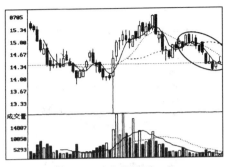

（该股日后走势见图72）

图71

参考答案 首次交叉向下发散形 卖出

（关于"首次交叉向下发散形"的特征和技术含义,详见《股市操练大全》第二册第46页~第49页）

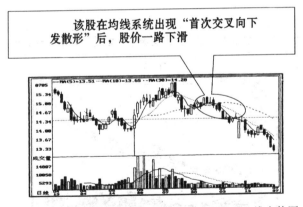

该股在均线系统出现"首次交叉向下发散形"后,股价一路下滑

浙江震元(0705)2001年4月~2001年7月的日K线走势图

图72

习题 13 图73中画圈处的均线形态是_____,因而仍可
_____。

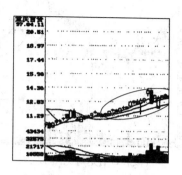

（该股日后走势见图74）

图 73

参考答案 上山爬坡形　　　　持股待涨

（关于"上山爬坡形"的特征和技术含义,详见《股市操练大全》第二册第60页~第63页）

该股在均线系统出现"上山爬坡形"之后，一路稳步上升

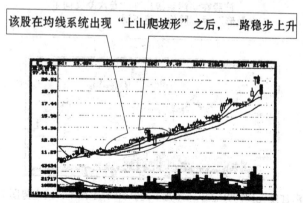

重庆百货(600729)1996年12月~1997年4月的日K线走势图

图74

习题 14　图75中均线形态是_____,因而仍可_____。

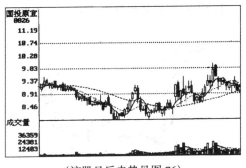

（该股日后走势见图76）

图 75

参考答案 逐浪上升形 持股待涨

（关于"逐浪上升形"的特征和技术含义,详见《股市操练大全》第二册第 66 页～第 70 页）

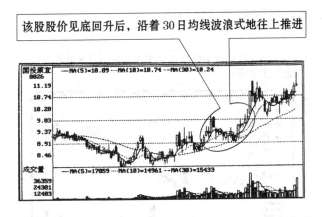

该股股价见底回升后,沿着30日均线波浪式地往上推进

国投原宜(0826)1999 年 11 月～2000 年 4 月的日 K 线走势图

图 76

习题 15 图77中画圈处的均线形态是_____,为____信号。

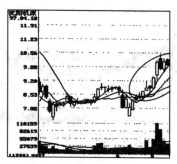

（该股日后走势见图78）

图 77

参考答案 再次交叉向上发散形　　　买进

（关于"再次交叉向上发散形"的特征和技术含义,详见《股市操练大全》第二册第 54 页～第 57 页）

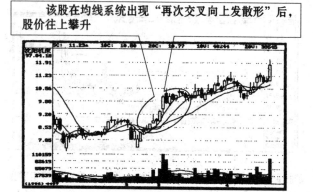

沈阳机床(0410)1996 年 12 月～1997 年 4 月的日 K 线走势图

图 78

习题 16 图79中画圈处均线形态是_____排列,因而仍应
_____。

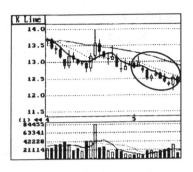

(该股日后走势见图80)

图 79

参考答案 空头　　　　持币观望

(关于"空头排列"的特征和技术含义,详见《股市操练大全》第
二册第 19 页~第 22 页)

从图中可看出,该股在下跌途中出现放量反
弹,但无法突破"空头排列"的强大阻力,股价
继续下跌

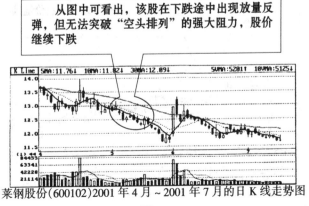

莱钢股份(600102)2001 年 4 月~2001 年 7 月的日 K 线走势图

图 80

习题 17 图81中画圈处的均线形态是＿＿＿＿＿＿＿＿,因而仍应
＿＿＿＿＿＿。

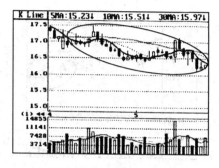

（该股日后走势见图82）

图81

参考答案 逐浪下降形　　　　持币观望。

（关于"逐浪下降形"的特征和技术含义,详见《股市操练大全》
第二册第70页～第73页）

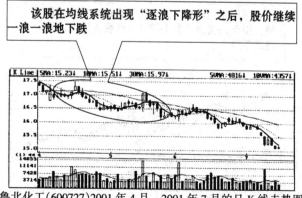

该股在均线系统出现"逐浪下降形"之后,股价继续
一浪一浪地下跌

鲁北化工(600727)2001年4月～2001年7月的日K线走势图

图82

习题 18 图83中画圈处的均线形态是＿＿＿＿＿，为＿＿信号。

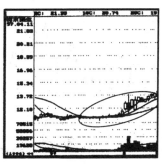

（该股日后走势见图84）

图83

参考答案 首次粘合向上发散形 买进

（关于"首次粘合向上发散形"的特征和技术含义，详见《股市操练大全》第二册第 36 页 ~ 第 41 页）

该股在均线系统出现"首次粘合向上发散形"后，展开了一轮大涨行情

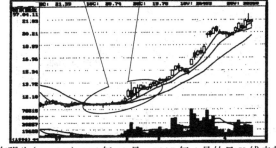

浦东强生(600662)1996 年 12 月 ~ 1997 年 4 月的日 K 线走势图

图84

习题 19 图 85 中画圈处的均线形态是_____谷,为____信号。

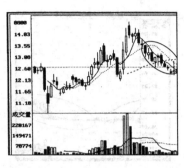

(该股日后走势见图 86)

图 85

参考答案 死亡   卖出

(关于"死亡谷"的特征和技术含义,详见《股市操练大全》第二册第 33 页 ~ 第 36 页)

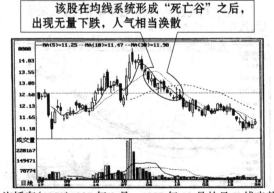

该股在均线系统形成"死亡谷"之后,出现无量下跌,人气相当涣散

一汽轿车(0800)1997 年 9 月 ~ 1997 年 12 月的日 K 线走势图

图 86

习题 20　图87中画圈处的均线形态是_____排列,因而仍可
_____。

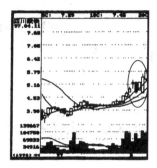

（该股日后走势见图 88）

图 87

参考答案　多头　　　　　　持股待涨

（关于"多头排列"的特征和技术含义,详见《股市操练大全》第
二册第 16 页～第 19 页）

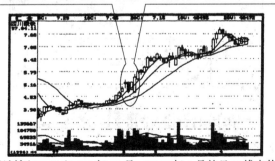

该股在上涨过程中出现一根较大的阴线,但没有改变
均线系统的"多头排列"的格局,股价仍然顽强地上升

四川峨铁(600674)1996 年 12 月～1997 年 4 月的日 K 线走势图

图 88

习题 21 图89中画框处的技术图形是_____,为____信号。

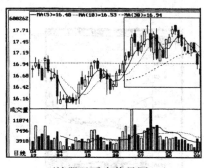

（该股日后走势见图 90）

图 89

参考答案 双顶或 M 头 卖出

（关于"双顶"的特征和技术含义,详见《股市操练大全》第一册第 243 页 ~ 第 245 页）

该股在跌破"双顶"颈线后,虽股价出现短暂的止跌回升,但在颈线处受阻,再次下跌

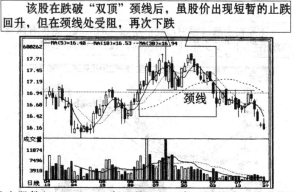

北方股份(600262)2001 年 4 月 ~ 2001 年 7 月的日 K 线走势图

图 90

习题 22 图91中画框处的技术图形是_____,为____信号。

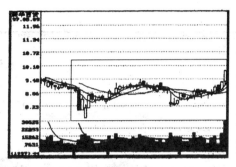

(该股日后走势见图92)

图 91

参考答案 双底或 W 底   买进

(关于"双底"的特征和技术含义,详见《股市操练大全》第一册第 241 页 ~ 第 243 页)

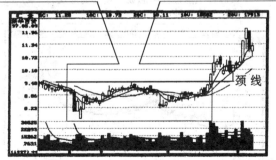

该股在向上突破"双底"颈线后,虽然股价出现回探,但在颈线处受到强支撑,随后继续上升

新华百货(600785)1997 年 1 月 ~ 1997 年 5 月的日 K 线走势图

图 92

习题 23　图93中画圈处的技术图形是＿＿＿＿＿＿，为＿＿信号。

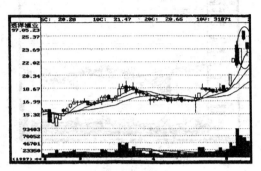

（该股日后走势见图94）

图 93

参考答案　顶部岛形反转　　　卖出

（关于"顶部岛形反转"的特征和技术含义，详见《股市操练大全》第一册第 281 页、第 282 页）

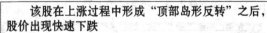

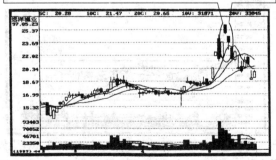

远洋渔业(600728)1997 年 2 月～1997 年 5 月的日 K 线走势图

图 94

习题 24 图95中画框处的技术图形是_____,为____信号。

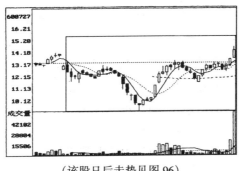

(该股日后走势见图96)

图 95

参考答案 头肩底   买进

(关于"头肩底"的特征和技术含义,详见《股市操练大全》第一
册第 236 页~第 238 页)

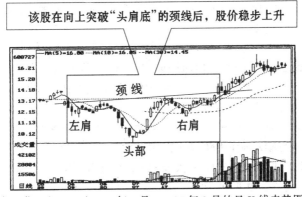

鲁北化工(600727)1997 年 5 月~1997 年 9 月的日 K 线走势图

图 96

习题 25　选股要跟着政策走。对政策的理解,最有效的方法就是刨根究底地追问下去,把它的来龙去脉弄清楚,这在问话技巧上称之为"追问法"。追问法,一种是_____;另一种是_____。

~~~~~~

参考答案　问别人,由别人来解答你的提问

问自己,由自己深入思考,寻找有关材料来解答自己提出的问题

（关于"追问法"运用的具体方法和典型例子,详见《股市操练大全》第三册第 15 页、第 16 页）

习题 26　行业的发展同人一样,要经历一个由初创、成长到衰退的过程,其生命周期可划分为四个阶段:_____、_____、_____、和_____。

~~~~~~

参考答案　初创期　成长期　稳定期　衰退期

（关于如何从行业中寻找投资机会,详见《股市操练大全》第三册第 27 页、第 28 页。）

习题 27　从行业的生命周期来看,最有价值的行业是正处于_____的行业,扩张潜力大,增长速度快,投资风险小。这一时期最容易产生大牛股。

~~~~~~

参考答案　成长阶段初期和中期

（关于如何从行业中寻找投资机会,详见《股市操练大全》第三册第 28 页、第 29 页）

习题 28　题材是炒作股票的一种理由。市场主力炒作任何一只股票都要有相当的理由和依据,才能吸引市场跟风,否则,主力只

能一路自拉自唱。市场上题材变化万千,总的来说有以下几类:_____
_____题材;_____题材;_____题材;_____
_____题材;_____题材;_____题材。

参考答案 业绩改善　地产升值　国家产业政策扶持
资产重组或股权转让　增资配股或送股分红　控
股或收购

(关于如何从题材中寻找投资机会,详见《股市操练大全》第三
册第 116 页~第 119 页)

习题 29　参于热点板块的主要投资策略可用八个字概括——
_____。

参考答案　买进要早,斩仓要狠

(关于如何从热点中寻找投资机会,详见《股市操练大全》第三
册第 132 页~第 137 页)

习题 30　在一轮上涨行情兴起时,追逐强势股,避开弱势股是
一个比较好的投资策略,那么正确区分强势股和弱势股就十分重要
了。

一般来说,强势股是指:(1) 日、周成交量或日、周换手率_____
_____;(2) 大市上扬的时候,_____;
(3)大市下跌的时候,_____。

弱势股是指:(1) 日、周成交量或日、周换手率_____
_____;(2) 大市上扬的时候,_____
_____;(3) 大市下跌的时候,_____。

参考答案

(1) 均居于大盘前几名的股票　　　(2) 跑赢大市的股票

(3) 能逆市上扬,或下跌幅度小于大盘,显示出良好抗跌性的

股票。

（1）均低于大盘平均水平的股票　　　（2）它不涨,甚至下跌,即使上扬,其上涨幅度也小于大盘涨幅的股票　　　（3）率先下跌,或跌幅大于大盘的股票。

（关于如何区别强势股、弱势股,详见《股市操练大全》第三册第138页、第139页）

习题 31　在实践中,对主力洗盘与出货做到正确区分非常重要。

一般来说,主力洗盘特征是:

（1）股价在庄家打压下_____,但在其下方能获得_____
_____;

（2）下跌时成交量_____,但上涨时成交量_____;

（3）股价始终维持在____日均线_____,即使跌破也不会引起大幅大跌,缩量盘稳后又会继续_____运行;

（4）成交量呈_____趋势;

（5）股价整理后最终_____突破;

（6）几乎没有_____传闻,偶尔还有____消息;

（7）投资者处于_____状态,害怕_____,持股信心____。

主力出货的特征是:

（1）股价在庄家拉抬下_____,但在上方出现_____
_____;

（2）上涨时,成交量_____,但下跌时成交量能_____
_____;

（3）股价跌破_____,无法继续_____运行;

（4）成交量一直保持在_____水平;

（5）股价整理后最终_____突破;

（6）几乎没有_____,利好消息_____;

（7）投资者处于极度_____状态,担心_____,持股信心____。

~~~~~~

参考答案

（1）快速走低　强支撑　　（2）无法放大　放得很大　　（3）
10 之上　向上　　（4）递减　　（5）向上　　（6）利好　坏
(7)犹豫不决　买进吃套　不足

（1）快速走高　明显的滞涨　　（2）无法放大　放得很大
(3) 10 日均线　向上　　（4）较高　　（5）向下　　（6)坏消息
不断出现　　(7)兴奋　抛出踏空　十足

（二）选择题

习题 32　图97中画圈处的 K 线组合是（　　　）

A、下探上涨形　　　　　　　　B、高开出逃形

C、黄昏之星　　　　　　　　　D、好友反攻

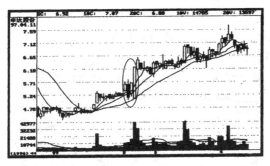

申达股份(600626)1996 年 12 月～1997 年 4 月的日 K 线走势图

图 97

参考答案　A

(关于"下探上涨形"的特征和技术含义,详见《股市操练大全》
第一册第 134 页、第 135 页)

习题 33 图98中画圈处的 K 线组合是（   ）

A、淡友反攻　　　　　　　　B、下降覆盖线

C、黄昏十字星　　　　　　　D、倾盆大雨

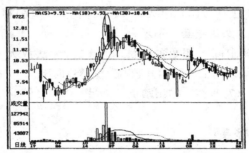

金果实业(0722)1997 年 9 月 ~ 1997 年 12 月的日 K 线走势图

图 98

参考答案　D

（关于"倾盆大雨"的特征和技术含义,详见《股市操练大全》第一册第 56 页 ~ 第 58 页）

习题 34　图99中画圈处的 K 线组合是（   ）

A、早晨之星　　　　　　　　B、上升三部曲

C、下降三部曲　　　　　　　D、好友反攻

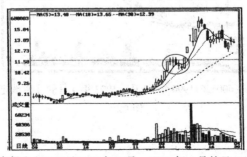

云南保山(600883)1998 年 1 月 ~ 1998 年 4 月的日 K 走势图

图 99

（关于"上升三部曲"的特征和技术含义,详见《股市操练大全》第一册第 111 页、第 112 页）

习题 35 图100中画圈处的 K 线组合是（   ）

A、希望之星　　　　　　　B、下降三部曲

C、黄昏之星　　　　　　　D、下降覆盖线

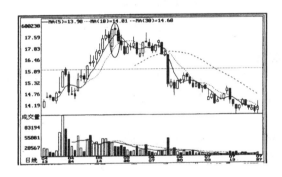

沧州大化(600230)2001 年 4 月～2001 年 7 月的日 K 线走势图

图 100

（关于"黄昏之星"的特征和技术含义,详见《股市操练大全》第一册第 64 页～第 66 页）

习题 36 图101中画圈处的 K 线组合是（   ）

A、平顶　　　　　　　　　B、平底

C、黄昏之星　　　　　　　D、好友反攻

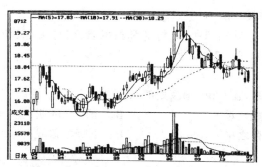

锦龙发展(0712)2001年4月~2001年7月的日K线走势图

图101

参考答案　B

(关于"平底"的特征和技术含义,详见《股市操练大全》第一册
第72页~第75页)

习题37　图102中画圈处的K线是(　　　)

A、倒锤头线　　　　　　　　B、黄昏之星

C、乌云盖顶　　　　　　　　D、射击之星

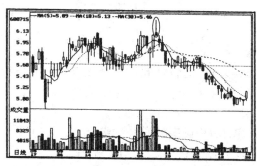

松辽汽车(600715)1997年9月~1997年12月的日K线走势图

图102

参考答案 D

(关于"射击之星"的特征和技术含义,详见《股市操练大全》第一册第33页~第35页)

习题 38 图103中画圈处的K线组合是( )

A、穿头破脚 B、倾盆大雨

C、淡友反攻 D、乌云盖顶

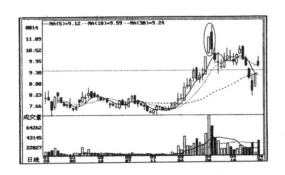

深华源 A(0014)1998 年 1 月~1998 年 4 月的日 K 线走势图

图 103

参考答案 D

(关于"乌云盖顶"的特征和技术含义,详见《股市操练大全》第一册第52页~第55页)

习题 39 图104中画圈处的 K 线组合( )

A、穿头破脚 B、身怀六甲

C、早晨之星 D、旭日东升

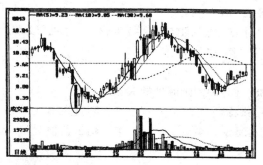

深南光 A(0043)1997 年 9 月~1997 年 12 月的日 K 线走势图

图 104

参考答案　B

(关于"身怀六甲"的特征和技术含义,详见《股市操练大全》第
一册第 67 页~第 70 页)

习题 40　图 105 中箭头 A 所指处的缺口是(　　　)

A、向上突破缺口　　　　　　B、向下突破缺口

C、向下持续缺口　　　　　　D、竭尽缺口

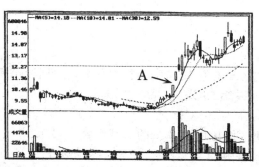

同济科技(600846)1998 年 1 月~1998 年 4 月的日 K 线走势图

图 105

参考答案　A

(关于"向上突破缺口"的特征和技术含义,详见《股市操练大全》第一册第 274 页～第 277 页)

习题 41　图106中箭头 A 所指处的缺口是(　　)

A、向上突破缺口　　　　　B、向下突破缺口

C、向上持续缺口　　　　　D、竭尽缺口

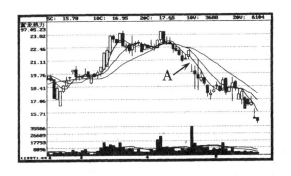

富龙热力(0426)1997 年 2 月～1997 年 5 月的国 K 线走势图

图 106

参考答案　B

(关于"向下突破缺口"的特征和技术含义,详见《股市操练大全》第一册第 277 页～第 279 页)

习题 42　图107中画框处的技术图形是(　　)

A、双底　　　　　　　　　B、圆底

C、上升三角形　　　　　　D、头肩底

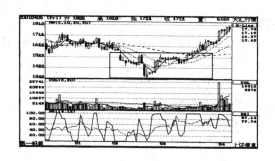

第一铅笔(600612)2000 年 12 月～2001 年 4 月的日 K 线走势图

图 107

参考答案　D

(关于"头肩底"的特征和技术含义,详见《股市操练大全》第一册第 236 页～第 238 页)

习题 43　图108中画框处的技术图形是(　　　)

A、双底　　　　　　　　　　　B、圆底

C、矩形　　　　　　　　　　　D、V 形

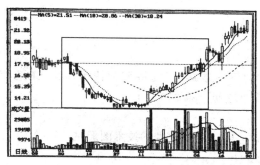

通程东百(0419)1998 年 1 月～1998 年 4 月的日 K 线走势图

图 108

参考答案　B

（关于"圆底"的特征和技术含义,详见《股市操练大全》第一册第 246 页、第 247 页）

习题 44　图109中画圈处的技术图形是(　　　)

A、头肩顶　　　　　　　　　B、双顶

C、圆顶　　　　　　　　　　D、扩散三角形

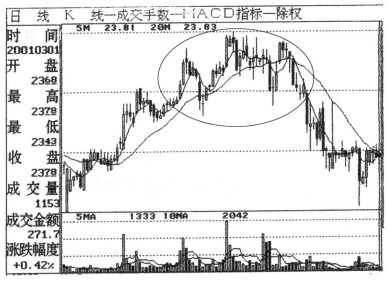

中视股份(600088)2000 年 9 月 ~ 2001 年 3 月的日 K 线走势图

图 109

参考答案　A

（关于"头肩顶"的特征和技术含义,详见《股市操练大全》第一册第 238 页 ~ 第 241 页）

习题 45　图110中画圈处的技术图形是(　　　)

A、双顶　　　　　　　　　　B、头肩顶

C、扩散三角形　　　　　　D、下降三角形

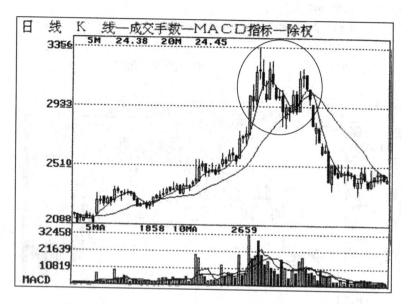

交大南洋(600611) 2000 年 9 月～2001 年 3 月的日 K 线走势图

图 110

参考答案　A

(关于"双顶"的特征和技术含义,详见《股市操练大全》第一册第 243 页～第 245 页)

习题 46　图111中画圈处的均线图形是(　　　)

A、乌云密布形　　　　　　B、烘云托月形

C、空头排列　　　　　　　D、金山谷

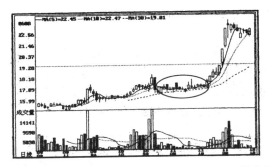

广西虎威(0608)1997年9月～1997年12月的日K线走势图

图111

参考答案 B

(关于"烘云托月形"的特征和技术含义,详见《股市操练大全》
第二册第 90 页～第 92 页)

习题 47 图112中画圈处的均线图形是( )

A、逐浪下降形 B、逐浪上升形

C、乌云密布形 D、烘云托月形

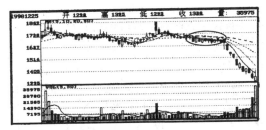

神马实业(600810)1998年9月～1998年12月的日K线走势图

图112

参考答案 C

(关于"乌云密布形"的特征和技术含义,详见《股市操练大全》

第二册第 92 页 ~ 第 94 页)

习题 48 图113中画圈处的均线图形是( )

A、首次交叉向上发散形 B、快速上涨形

C、首次粘合向上发散形 D、金山谷

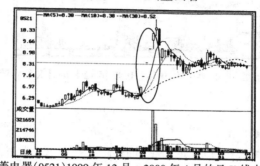

美菱电器(0521)1999 年 12 月 ~ 2000 年 4 月的日 K 线走势图

图 113

参考答案 B

(关于"快速上涨形"的特征和技术含义,详见《股市操练大全》第二册第 80 页 ~ 第 85 页)

习题 49 图114中画圈处的均线图形是( )

A、首次交叉向上发散形 B、首次交叉向下发散形

C、快速下跌形 D、乌云密布形

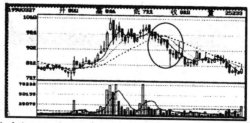

乐山电力(600644)1997 年 12 ~ 1998 年 3 月 27 的日 K 线走势图

图 114

（关于"首次交叉向下发散形"的特征和技术含义,详见《股市操练大全》第二册第 46 页 ~ 第 49 页）

习题 50 图115中画的一条直线是(   )

A、上升趋势线   B、下降趋势线

C、120 日均线   D、60 日均线

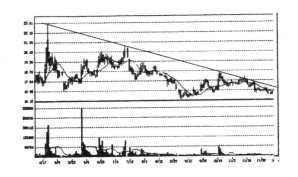

南京高科(600064)2000 年 4 月 ~ 2000 年 12 月的日 K 线走势图

图 115

（关于"下降趋势线"的特征和技术含义,详见《股市操练大全》第二册第 237 页 ~ 第 239 页）

习题 51 图116中画的一条直线是(   )

A、上升趋势线   B、下降趋势线

C、120 日均线   D、60 日均线

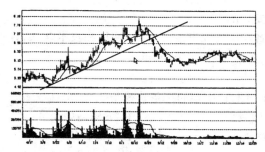

武钢股份(600005)2000年4月~2000年12月的日K线走势图

图116

参考答案　A

(关于"上升趋势线"的特征和技术含义,详见《股市操练大全》第二册第236页、第237页)

习题52

A　股谚云:牛市除权,雪上加霜;熊市除权,火上浇油;

B　股谚云:牛市除权,火上浇油;熊市除权,雪上加霜;

参考答案　B

(关于如何理解"牛市除权,火上浇油;熊市除权,雪上加霜",详见《股市操练大全》第三册第229页~第231页)

习题53　当某一板块成为热点时,如何来辨别某一板块已经涨到位了呢? 其方法是:

A　一看涨幅榜。如果在涨幅榜前20名中,某一板块的个股已不足总数的1/4,并且呈现出递减的趋势。这时就要警惕该板块上升空间已经很小,或者已经涨到位了。

二看成交量。如果在成交量前20名中,某一板块的个股已不足总数的1/4,并且出现递减的趋势。这就可证明该板块即将进入整理状态,或者已经进入整理状态。

B　一看涨幅榜。如果在涨幅榜前 5 名中,某一板块的个股已不足总数的 1/4,并且呈现出递减的趋势。这时就要警惕该板块上升空间已经很小,或者已经涨到位了。

二看成交量。如果在成交量前 5 名中,某一板块的个股已不足总数的 1/4,并且出现递减的趋势。这就可证明该板块即将进入整理状态,或者已经进入整理状态。

参考答案　A

(关于如何判断个股的主动和涨到位,详见《股市操练大全》第三册第 165 页 ~ 第 168 页)

习题 54　A　低价大盘股在完成理论升幅(一般升幅为启动价 × 50%)后,主力就会功成身退。随后,股价将处于一个长期调整过程。

B　低价大盘股在完成理论升幅(一般升幅为启动价 × 100%)后,主力就会功成身退。随后,股价将处于一个长期调整过程。

C　低价大盘股在完成理论升幅(一般升幅为启动价 × 200%)后,主力就会功成身退。随后,股价将处于一个长期调整过程。

参考答案　B

(关于如何从低价大盘股中寻找投资机会,详见《股市操练大全》第三册第 149 页 ~ 第 154 页)

(三)　判断题

下面各个小题都有两句话,其中有一句是正确的,请在正确的一句话后面的括号内打上"√",并简述作出这样判断的理由。

习题 55

A 在大盘处于跌势时,对大幅高开的个股,可快进快出,博一回差价。( )

B 在大盘处于跌势时,对大幅高开的个股,应作进一步观察,不宜盲目看多、做多。( )

参考答案 B (√)

理由是:在大势向淡时,庄家常利用大幅高开进行诱多,以便能顺利地派发手中的筹码。这类个股往往只有一、二天行情,甚至当天就宣告反弹结束。因此,即使快进快出,也很容易被套住。

习题 56

A 在大盘处于涨势时,有些个股不涨反跌,稳健型投资者为了减少投资风险,可首选这类股票买进,等待其出现补涨行情。( )

B 在大盘处于涨势时,有些个股不涨反跌,稳健型投资者为了减少投资风险,应放弃这类股票,另觅走势开始转强的股票买进。( )

参考答案 B (√)

理由是:股价跌得越多,说明其走势越弱,买进风险越大。因此,大势向好时,某些个股不涨反跌,其因或是该股基本面出现了问题,或是庄家已经出逃,筹码分散到散户手中。经验证明,这种"牛市熊股"往往会越走越弱,轻易买进就会深陷其中。

习题 57

A 在跌势中,大盘或个股出现横向整理时,投资者应逢低吸纳。( )

B 在跌势中,大盘或个股出现横向整理时,投资者应继续持币观望。( )

参考答案　B　（✓）

理由是：一般而言,在跌势中,十盘九跌,所以,投资者还是以持币观望为佳,以便保存资金实力。

习题 58

A　在涨势中,出现横向整理时,投资者可继续持股观望。

（　　）

B　在涨势中,出现横向整理时,投资者应抛出股票持币观望。

（　　）

~~~~~~

参考答案　A　（✓）

理由是：一般而言,在涨势中,十盘九涨,所以,投资者还是以持股观望为佳,以便获得更大的利润。

习题 59

A　跌势形成后,高位买进被套牢的投资者应及时采取停损措施,抛出股票,以此来减少市场风险。（　　）

B　跌势形成后,高位买进被套牢的投资者应及时进行补仓,摊低持股成本,以此来减少市场风险。（　　）

~~~~~~

参考答案　A　（✓）

理由是：一旦某股跌势形成后,投资者很难预测其股价在什么价位止跌。在沪深股市历史发展中,一些个股从高位跌下来,跌个70％、80％是常有的事,有的跌幅甚至超过90％。因此,盲目补仓以此来摊低持股成本,结果会越套越深。正确的做法是：及时停损,认赔出局,把风险锁定,这样虽然受到了损失,但不至于把本钱输光。从积极意义上说,留得青山在,不怕没柴烧。只要资金在手,就能寻找到新的机会。

习题 60

A 一轮跌势开始,高价股出现了跳水行情,此时,投资者应及时将高价股换成抗跌的中价股或低价股。(   )

B 一轮跌势开始,高价股出现了跳水行情,此时,投资者应及时将高价股和抗跌的中价股或低价股全部抛空出局。(   )

参考答案　B　(✓)

理由是:根据股市的价格链理论,高价股的上涨或下跌,都会对中价股、低价股产生联动的影响。通常,当股市形成跌势时,率先下跌的是高价股,当高价股下一个台阶后,它与中价股、低价股之间的价格链势必要受到压缩,这就会推动中价股、低价股下一个台阶,以此来保持高价股与中价股、低价股之间的价格平衡。因此,高价股下跌后,中价股、低价股跟着下跌是迟早的事。聪明的投资者,要充分认识到股价运动的这个规律,抢在中价股、低价股还没有下跌前出局。这样就可以保住胜利果实,将风险降低到最低限度。

(关于股市的"价格链"理论,详见《股市操练大全》第三册第 154 页 ~ 第 165 页)

习题 61

A 基本分析包括的内容很多,有国内和国外经济形势分析、国家经济政策分析、行业发展前景分析、企业财务状况和经营分析,等等。因此,作为普通投资者,尤其是中小投资者要选好股票,应首先从企业财务状况和经营分析方面着手。(   )

B 基本分析包括的内容很多,有国内和国外经济形势分析、国家经济政策分析、行业发展前景分析、企业财务状况和经营分析,等等。因此,作为普通投资者,尤其是中小投资者要选好股票,应首先从国家经济政策分析方面着手。(   )

参考答案　B　(✓)

理由是:众所周知,股市是国民经济的晴雨表。所以,指导国民经济发展的各项重大经济政策会在股市中得到充分体现,也就是说,国家制定的各项重大经济政策对股市的发展影响深远,意义重大。因此,从这个意义上来说,股市基本分析方法无论有多少种,作为中小投资者首先要学会根据政策来选股。

(关于如何从国家经济政策取向中寻找投资机会,详见《股市操练大全》第三册第1页～第25页)

习题 62

A 在涨势中出现利空消息,投资者不必急于做空;在跌势中出现利多消息,投资者不必要急于做多。(   )

B 在涨势中出现利空消息,投资者应及时做空;在跌势中出现利多消息,投资者应及时做多。(   )

～～～～～～～～～～～～～～～～～～～～～～～～～～～～～～～

参考答案 A (✓)

理由是:在涨势中,投资者对股市的发展充满信心和希望,即使遭遇利空消息打击,也很难能动摇投资者的持股信心。同理,在跌势中,投资者对股市的悲观情绪越来越浓重,即使有利多消息(除非是带有全局性的特大利好消息)刺激,也很难让投资者马上乐观起来,反而会引来更大的抛盘。

(关于如何从公开信息中寻找投资机会,详见《股市操练大全》第三册第89页～第115页)

习题 63

A 在涨势中利多消息对股市的作用容易被放大,在跌势中利空消息对股市的影响容易被夸大。(   )

B 在涨势中利空消息对股市的影响容易被夸大,在跌势中利多消息对股市的作用容易被放大。(   )

～～～～～～～～～～～～～～～～～～～～～～～～～～～～～～～

参考答案 A (✓)

理由是:在涨势中,投资者的乐观情绪溢于言表,如此时再逢利多消息刺激,那么,犹如火上浇油,投资者的投资热情自然会更加高涨,一片艳阳天。同理,在跌势中,投资者的心情日益沉重,如此时再遇利空消息打击,那么,犹如雪上加霜,投资者的悲观情绪会笼罩整个股市,甚至有些投资者会产生绝望情绪,牢骚满腹。

(关于如何从公开信息中寻找投资机会,详见《股市操练大全》第三册第 89 页~第 115 页)

习题 64

A　当一个市场热点持续一段时间后,人们不会对它失去新鲜感,跟风炒作的人越来越多,市场热点不会向另一个新的更具号召力和认同感的热点转移。(　　)

B　当一个市场热点持续一段时间后,人们就渐渐对它失去了新鲜感,跟风炒作的人越来越少,市场热点就会向另一个新的更具号召力和认同感的热点转移。(　　)

～～～～～～～～～～～～～～～～～～～～～～～～～～～～～～～

参考答案　B　(√)

理由是:事物是在不断变化发展的,所以,市场热点也不会例外。再说,投资者普遍有喜新厌旧的心理。因此,难怪市场上重来没有出现过一个永恒不变的热点,这也就是那些长抱一个热点不放的投资者大多输得很惨的最重要原因。

(关于如何从市场热点中寻找投资机会,详见《股市操练大全》第三册第 129 页~第 141 页)

习题 65

A　死亡板块中有黄金可掘,冷门股也有投资机会可寻。但是,选择冷门股投资时,要把时间范围缩小些,买进前先要把该股近半月来的日 K 线走势图仔细分析一下,只有当日 K 线图上出现买进信号时,才可以考虑建仓。

B　死亡析板中有黄金可掘,冷门股也有投资机会可寻。但是,选择冷门股投资时,要把时间范围扩大些,买进前先要把该股近几年来的月 K 线走势图仔细分析一下,只有当月 K 线图上出现买进信号时,才可以考虑建仓。

~~~~~~~~~~~~~~~~~~~~~~~~~~~~~~~~~~~~~

参考答案　B　(√)

理由是:因为当一个股票长期受市场冷落后,积弱已久,要想翻身绝不是轻而易举的事,只有大的实力机构重新看中它,大资金进来后,它才有出头之日。而大资金进场,无论主力手法多么诡秘,在月 K 线走势图上总会留有它的痕迹。因此,判断冷门股是否启动,从月 K 线走势上进行把握,是一个比较安全可行的办法。

(关于如何从冷门股中寻找投资机会,详见《股市操练大全》第三册第 221 页 ~ 第 229 页,第 254 页、第 255 页)

二、综合训练

导　语

股市是在不断重复过去的故事,相信阅读过我们示例题的读者也一定会赞同我们的观点。但是股市中的故事很多,要投资者记住股市中所有的故事,既不现实,也没有必要。因此,在本节中我们挑选了股市中一些有典型意义的故事,编成练习题,供读者学习和练习。本节的简答题、问答题中的前半部分习题就是按这个思路设计的。本节简答题、问答题后半部分习题,是为了巩固读者学习《股市操练大全》第三册中的选股技巧而设计的。考虑到读者对新出版的《股市操练大全》第三册内容有个熟悉过程,因此,涉及到选股的题目基本上没有展开。读者在学习选股技巧时,首先要把这些要点记住,它对投资者树立正确的投资理念和制定正确的选股策略会有很大的帮助。

读者在做练习题时,要努力贯彻学中练、练中学,边学边练,学练并举的原则。凡练习题中涉及操作方法、原理力求把它弄懂,知其然,知其所以然,不清楚的地方可以翻翻原书的阐述,直到把它弄懂弄通为止。另外,学练并举还有一层意思,即把做练习题与观察当前大盘、个股走势图结合起来相互对照。将经验、教训牢牢记在脑子里,日积月累,厚积薄发。这样就会逐渐形成一套适应市场的操作方法,大大提高投资的成功率。

（一） 简答题

习题 66 仔细观察图117,回答后面的问题:

（1）在图中画出该股的"下降趋势线"和"上升趋势线"。

（2）为什么画圈处投资者可继续持股做多?

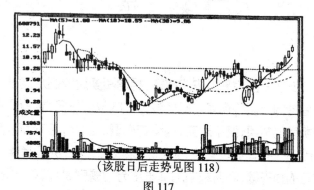

（该股日后走势见图 118）

图 117

参考答案 （1）所要画的"下降趋势线"和"上升趋势线"见图118。

（2）因为画圈处的股价在"上升趋势线"下方停留的时间不到 3 天,没有满足"下降趋势线"被有效跌破的条件,所以,投资者在画圈处可继续持股做多。

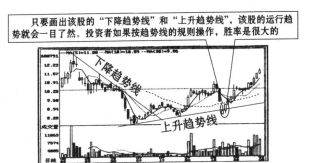

只要画出该股的"下降趋势线"和"上升趋势线",该股的运行趋势就会一目了然。投资者如果按趋势线的规则操作,胜率是很大的

贵州华联(600791)1997年5月~1997年9月的日K线走势图

图 118

习题 67 仔细观察图119,回答后面的问题:

(1) 在图中画出"双顶"(M头)的颈线。

(2) 图中箭头 A 所指处,能不能说明"双顶"的颈线已被有效跌破? 出现这根阳线是否说明该股走势已开始走强?

(3) 投资者见此情况应如何操作? 为什么?

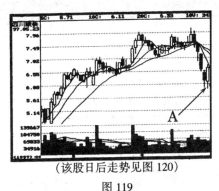

(该股日后走势见图120)

图 119

参考答案 (1) 所要画出的"双顶"[注] 的颈线见图120。

―――――――――――

[注] 关于"双顶"的特征和技术含义,详见《股市操练大全》第一册第243页~第245页。

（2）图中箭头 A 所指处的收盘价位于颈线的下方，下跌已超过 3 日，离颈线的下跌幅度也超过了 3%，所以"双顶"的颈线已被有效跌破了。正因为这样，即使该股跌破颈线后拉出了这根阳线，也不能说明其走势正在走强，反而有进一步走弱的可能。

（3）在此情况下，持股投资者应及时退出，持币投资者更不应该因股价便宜而买进。这是因为，"双顶"的颈线一旦被有效跌破，通常就会继续往下回落，即使出现回升，也大多会在颈线处受阻重拾跌势。

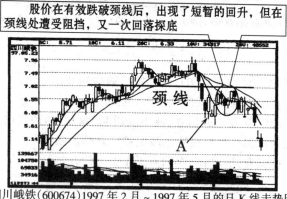

四川峨铁(600674)1997 年 2 月 ~ 1997 年 5 月的日 K 线走势图

图 120

习题 68 仔细观察图121，回答后面的问题：

（1）在图中画出"上升趋势线"。

（2）在箭头 A 所指处，投资者是否可以买进？为什么？

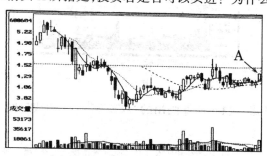

（该股日后走势见图 122）

图 121

参考答案 （1）所要画出的"上升趋势线"[注] 见图122。

（2）投资者在箭头 A 所指处可以买进。这是因为,该股获得了"上升趋势线"的支持,并且 5 日、10 日、30 日均线已出现向上发散,新一轮上涨攻势呼之欲出。

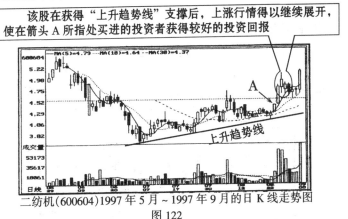

> 该股在获得"上升趋势线"支撑后,上涨行情得以继续展开,使在箭头 A 所指处买进的投资者获得较好的投资回报

二纺机(600604)1997 年 5 月～1997 年 9 月的日 K 线走势图

图 122

习题 69 仔细观察图123,回答后面的问题:

（1）在图中画出下降三角形的技术图形。

（2）前几天买进的投资者在箭头 A 所指处是否应该停损离场?为什么?

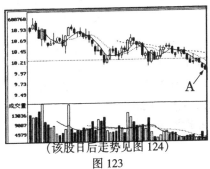

(该股日后走势见图 124)

图 123

[注] 关于"上升趋势线"的特征和技术含义,详见《股市操练大全》第二册第236页、第237页。

参考答案 （1）所要画出的"下降三角形"[注]的技术图形见图124。

（2）前几天买进的投资者在箭头 A 所指处已经到了该停损离场的时候。这是因为该股的"下降三角形"的下边线（支撑线）已被跌破，5 日、10 日、30 日均线正处于向下发散状态，股价进一步向下探底已势在必然。

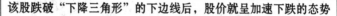

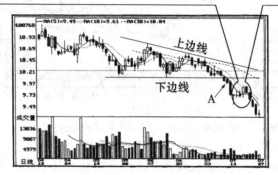

山东黑豹(600760)2001 年 4 月 ~ 2001 年 7 月的日 K 线走势图

图 124

习题 70 仔细观察图125,回答后面的问题：

（1）该股形成的顶部形态是什么技术图形？

（2）画出该技术图形的颈线。

（3）在画圈处投资者应如何操作？为什么？

[注] 关于"下降三角形"的特征和技术含义,详见《股市操练大全》第一册第251页~第254页。

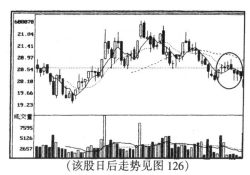

（该股日后走势见图126）

图 125

参考答案 （1）该股形成的顶部形态是"头肩顶"[注]。

（2）所要画出的颈线见图126。

> 　该股的"头肩顶"的颈线在箭头A所指处被跌破之后，虽然多方施出深身解数，使股价出现短暂的反弹（以确认颈线是否被有效跌破，是否真的失去支撑作用），但在5日、10日、30日均线向下发散的情况下仍然挡不住汹猛的跌势，结果惨遭失败

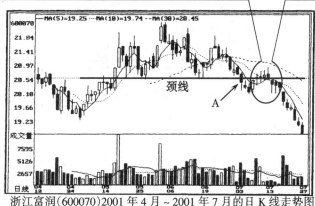

浙江富润(600070)2001年4月~2001年7月的日K线走势图

图 126

　[注]　关于"头肩顶"的特征和技术含义,详见《股市操练大全》第一册第238页~第241页。

（3）在画圈处投资者应及时退出，即使高位被套的投资者也应考虑停损离场，另觅投资良机，其原因在于该股"头肩顶"的颈线在箭头 A 所指处已被跌破。再说，此处 5 日、10 日、30 日均线也开始向下发散，这是走势转弱的又一个重要信号，该股近期走熊几成定局。所以，在此看空、做空是投资者的最佳选择。

习题 71 仔细观察图127，回答后面的问题：
（1）图中的均线是什么图形？
（2）投资者见此均线图形应如何操作？

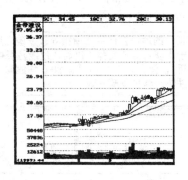

（该股日后走势见图 128）

图 127

参考答案 （1）图中的均线图形是"上山爬坡形"[注]。
（2）只要图中"上山爬坡形"的形态一直保持下去，投资者就可一路持股待涨。

[注] 关于"上山爬坡形"的特征和技术含义，详见《股市操练大全》第二册第60页~第63页。

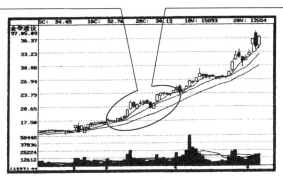

これは一个典型的"上山爬坡形"图形，股价缓慢爬升，但没有回过头。投资者如采取持股待涨的策略就能获得相当丰厚的投资回报

金帝建设(600758)1997年1月~1997年5月的日K线走势图

图128

习题 72 仔细观察图129,回答后面的问题:

(1) 在图中画圈处的 K 线组合是什么?

(2) 投资者是否可以一见到这种 K 线组合就买进? 为什么?

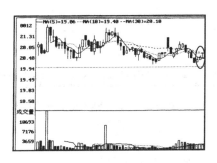

(该股日后走势见图130)

图129

—115

参考答案 （1）在图 129 中画圈处的 K 线组合是"红三兵"[注]。

（2）投资者不可以一见到"红三兵"就买进,而应仔细观察其是在什么情况下出现的。如在跌势中出现"红三兵"投资者应持币观望,不要盲目跟进,否则套你没商量。只有当跌势转为涨势时出现"红三兵",投资者才可考虑跟进做多。而现在我们回过头来看看图129,就可以发现该股均线正在向下发散,处于跌势之中,此时见到"红三兵"做多者,十有八九会成为套牢族(见图 130)。可见,分析某一 K 线组合的作用,一定要同均线形态结合起来加以研判。只有这样,我们才能把握股价运行的趋势,做到少犯或不犯错误。

该股虽然在前一低点附近出现"红三兵",似乎有止跌企稳迹象,但它没有扭转下跌的势头,使自认为低位买进的投资者很快被套牢

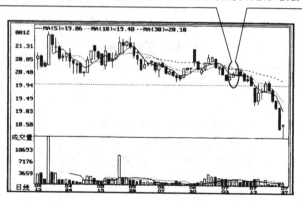

南玻科控(0012)2001 年 4 月~2001 年 7 月的日 K 线走势图

图 130

习题 73 仔细观察图131,回答后面的问题:

[注] 关于"红三兵"的特征和技术含义,详见《股市操练大全》第一册第84页、第85页。

（1）箭头 A 所指处的 5 日、10 日、30 日均线形成了什么图形？

（2）持有该股的投资者见此均线图形应如何操作？为什么？

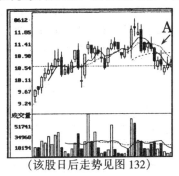

（该股日后走势见图 132）

图 131

参考答案 （1）箭头 A 所指处的 5 日、10 日、30 日均线形成了"死亡谷"[注]。

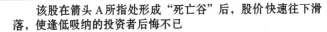

该股在箭头 A 所指处形成"死亡谷"后，股价快速往下滑落，使逢低吸纳的投资者后悔不已

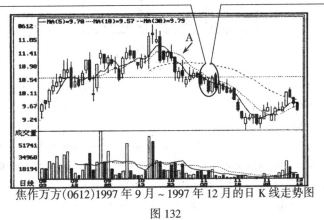

焦作万方(0612)1997 年 9 月～1997 年 12 月的日 K 线走势图

图 132

[注] 关于"死亡谷"的特征和技术含义，详见《股市操作练大全》第二册第 33 页～第 36 页。

（2）见到"死亡谷"，应想到该股走势已经转弱。因为根据有关资料统计，个股出现"死亡谷"下跌概率为80%。所以，为安全起见，投资者见到"死亡谷"可先把大部分筹码抛出，如在一周内"死亡谷"的风险不能化解，即股价不能重返30日均线之上，即应把全部筹码抛空出局，这样可以减少股价继续下跌带来的风险（见图132）。

习题 74 仔细观察图133，回答下面的问题：
（1）K线走势在画框处形成了什么技术图形？
（2）投资者见此图形应如何操作？为什么？

（该股日后走势见图134）

图 133

参考答案 （1）K线走势在画框处形成了"顶部岛形反转"[注]。
（2）投资者见到"顶部岛形反转"后，应抛空离场。因为一个股票一旦形成"顶部岛形反转"走势，股价很快就会转为弱势。另则，从图133中看该股均线出现了"交叉向下发散形"，短期均量线也已下穿长期均量线形成了"死亡交叉"，在诸多卖出信号驱动下，该股只能向下寻求支撑，下跌已不可避免。因此，此时投资者须认清形

[注] 关于"顶部岛形反转"的特征和技术含义，详见《股市操练大全》第一册第281页、第282页。

势,尽早抓紧离场,出局越晚损失就会越大(见图 134)。

该股在画框处形成"顶部岛形反转"后,仅仅略微反弹一下,让没有及时抛空离场的投资者吃足苦头

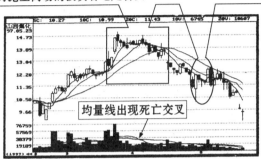

山西焦化(600740)1997 年 2 月 ~ 1997 年 5 月的日 K 线走势图

图 134

习题 75 仔细观察图135,回答后面的问题:

(1) 目前图中的均线是什么形态?

(2) 该股下一步走势,可能朝什么方向发展?

(3) 投资者应如何操作?

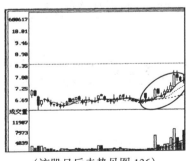

(该股日后走势见图 136)

图 135

参考答案 （1）目前图中的均线形态是"首次粘合向上发散形"[注1]。

（2）该股下一步走势仍会朝好的方向发展（见图136）。其理由是：①均线形成了首次粘合向上发散形，发出了买进信号；②前面的K线组合为"徐缓上升形"[注2]，这又是一个做多的信号；③股价突破了前期的高点，创出了新高；④上攻时成交量放大，表明有资金在积极做多。

（3）该股拉出1根大阳线后这几天股价出现了回调，拉出2根小阴线之后，今天收了一根"十字线"，股价受到10日均线支撑，按照目前该股走势分析，该股主力很可能采取的是一种逐步推高的策略在积极做多。因此，有该股的投资者可继续持股待涨，持币的投资

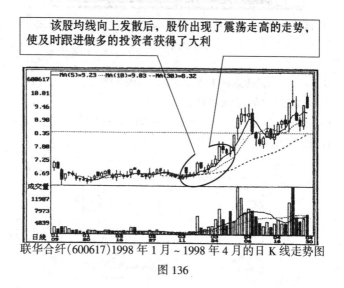

联华合纤(600617)1998年1月～1998年4月的日K线走势图

图136

［注1］ 关于"首次粘合向上发散形"的特征和技术含义,详见《股市操练大全》第二册第36页～第41页。

［注2］ 关于"徐缓上涨形"的特征和技术含义,详见《股市操练大全》第一册第94页～第96页。

者可在此价位作适当的逢低吸纳,待股价发力向上时再加码买进。当然,如果日后该股不是我们估计的那样,股价重心在往下移,均线从发散状态转入收敛状态,此时就应反手做空,停损离场。尽管出现这种情况可能性不大,但也要预先作好思想准备,以防万一。

习题 76 仔细观察图137,回答后面的问题:

(1) 图中的 5 日、10 日、30 日均线形成了什么图形?

(2) 投资者是否可以在它下跌缩量横盘时买进? 为什么?

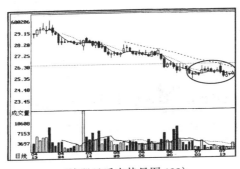

(该股日后走势见图138)

图 137

参考答案 (1) 图中的 5 日、10 日、30 日均线形成了"下山滑坡形"[注]。

(2) 对已形成"下山滑坡形"的个股,即使出现了缩量横盘的走势,也不要相信市场人士所说的这是股价跌无可跌的一种表现。因为,均线一旦形成"下山滑坡形",股价通常就会出现从慢慢下跌到快速下跌的现象。尽管现在还无法肯定该股一定会出现

[注] 关于"下山滑坡形"的特征和技术含义,详见《股市操练大全》第二册第63页~第66页。

快速下跌，更无法预测该股何时会出现快速下跌，但对下跌概率要远远大于上涨概率的个股，投资者仍应以持币观望为宜，千万不能盲目地买进。

该股长期下滑后，在此形成一个缩量横盘的走势，这是主力精心设计的一个"多头陷阱"[注]，投资者如盲目买进，仍会遭到很大损失

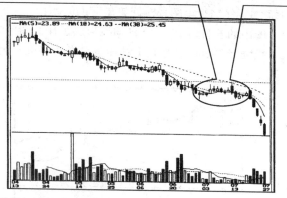

有研硅股(600206)2001年4月～2001年7月的日K线走势图

图138

习题 77 图139中的个股前一阵子走出一轮快速上涨行情，但这几天股价出现了回调，拉出2根大阴线，今天又出现了1根"大阳线"。对这种飘忽不定的走势，市场人士议论纷纷，有的认为该股走势已经变弱，现在应该赶紧止损离场，卖出股票，有的认为该股回调是庄家在洗盘，今天又拉出1根"大阳线"说明洗盘已经结束，一轮新的上攻行情即将展开，现在应该赶紧跟进，买进股票。请问：你认为谁的意见准确？为什么？

[注] 关于"多头陷阱"的特征和技术含义，详见《股市操练大全》第二册第110页~第113页。

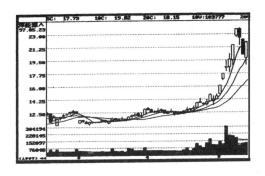

（该股日后走势见图140）

图 139

参考答案　我认为该股走势已经变弱,止损离场卖出股票的意见是正确的。为何这样说呢？因为从图139中看,前一阵该股快速上涨时留下三个跳空缺口。按照缺口理论,第3个缺口往往是1个"竭尽缺口"[注],该缺口出现说明多方力量已经衰竭,一轮升势即将结束。而事实也正是如此,该股第3个向上跳空缺口出现的第2天就被1根阴线的下影线所封闭,接着第2天又是1根"大阴线",将此缺口死死地封住。这说明该股第3个向上跳空缺口的确是一个"竭尽缺口"。从理论上说,"竭尽缺口"一旦得到证实,缺口被封闭,形势往往会急转直下,此时即使多方想反抗,也往往回天无力,最终只得向空方认输。因此,从这个意义上说,今天盘中拉出1根大阳线,应该视为一次逃命机会。如果今天没有逃掉,明天应继续往外逃。假如这两天股价重心向下,5日均线出现弯头,那形势就更加不妙,抓紧出逃是投资者减少损失的惟一选择。

　　[注]　关于"竭尽缺口"的特征和技术含义,详见《股市操练大全》第一册第274页~第277页。

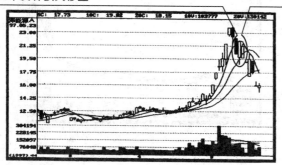

"向上跳空缺口"被补掉后,该股随后就出现了快速回落,逃之不及者损失惨重

深能源(0027)1997年2月~1997年5月的日K线走势图

图140

习题 78 仔细观察图141,回答后面的问题:你认为该股盘整之后的走势大多会朝什么方向发展?其理由是什么?投资者应如何操作?

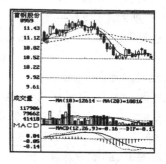

(该股日后走势见图142)

图141

参考答案 该股盘整之后的走势大多会以盘跌的方式向下寻

底。其理由是:(1)均线已出现"死亡谷"[注1],尤其是 30 日均线正在股价上方朝下滑落,投资者的持股信心越来越不足;(2)MACD 已下穿 O 轴[注2](见图 142 中箭头 A 所指处),并正运行于弱势区域,这已充分说明该股正处于空头市场之中。过去,类似这种走势的个股,出现反身向上的实在是屈指可数,寥寥无几。因此,投资者见此图形,原则上应该看空、做空,持股者应及时停损离场(至少抛出 2/3 以上筹码),持币者应继续持币观望,勿轻易买进。

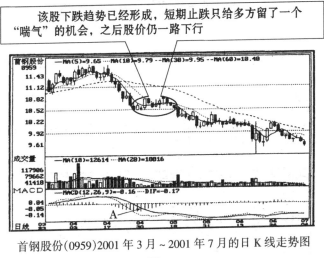

首钢股份(0959)2001 年 3 月~2001 年 7 月的日 K 线走势图

图 142

习题 79 仔细观察图143,回答后面的问题:

(1)箭头 A 所指处在均线上叫什么名称?

[注1] 关于"死亡谷"的特征和技术含义,详见《股市操练大全》第二册第 33 页~第 36 页。

[注2] 关于"MACD 下穿 O 轴"的特征和技术含义,详见《股市操练大全》第二册第 356 页~第 358 页。

（2）投资者见此图形应如何操作？

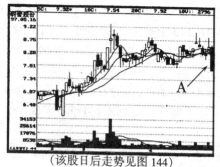

（该股日后走势见图 144）

图 143

参考答案　（1）箭头 A 所指处在均线上称之为"断头铡刀"[注]，意即 1 根阴线一下子把短期、中期、长期三根均线切断，使股价同时失去了三条坚强的支撑线。

瞧，该股在出现"断头铡刀"后，虽然多方不甘心示弱，连拉 2 根阳线，但最后仍然扭转不了股价继续下跌的趋势

钢管股份（600845）1997 年 1 月～1997 年 5 月的日 K 线走势图

图 144

[注]　关于"断头铡刀"的特征和技术含义，详见《股市操练大全》第二册第 97 页～第 99 页。

（2）"断头铡刀"杀伤力很大（见图144），一般来说，均线遭此一劫，股价走势就会转弱（只有极少数情况属于例外）。因此，投资者见此图形，无论在这之后第二天的 K 线是收阴还是收阳，都得想法及时抛空出局为妙。

习题 80　仔细观察图145，回答后面的问题：

（1）画圈处的均线形成了什么图形？

（2）为何在箭头 A 所指处不宜做空，而在箭头 B 所指处一定要做空？

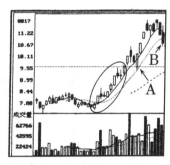

（该股日后走势见图 146）

图 145

参考答案　（1）画圈处的均线形成了"首次交叉向上发散形"[注]的图形。

（2）从图中看，该股均线发散后，股价始终沿着 5 日均线往上攀升。根据均线操作规则，原来沿着 5 日均线上升的，只要股价不破 5 日均线就可一路持股。通常，股价走势由强到弱都会有一个明显的标志：即 5 日均线向下弯头。因此，换一句话说，只要该股 5 日均线

[注]　关于"首次交叉向上发散形"的特征和技术含义，详见《股市操练大全》第二册第43页～第46页。

不弯头就可以一直看多、做多。根据这个道理,我们就可以知道图145中箭头 A 所指处 5 日均线并没有弯头仍在往上走,这时当然应该继续看涨,而箭头 B 所指处 5 日均线已明显弯头,这时就不能再看多、做多了(见图 146),投资者应该及时退出观望为宜。

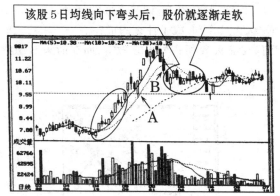

该股 5 日均线向下弯头后,股价就逐渐走软

ST 中华(0017)2001 年 3 月~2001 年 7 月的日 K 线走势图

图 146

习题 81 仔细观察图147,回答后面的问题:

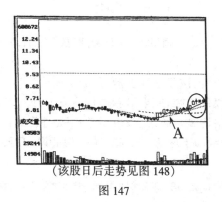

(该股日后走势见图 148)

图 147

（1）箭头 A 所指处是什么图形？

（2）画圈处的均线处于什么排列状态？

（3）投资者见此图形应如何操作？

参考答案 （1）箭头 A 所指处是"银山谷"[注1]。

（2）画圈处的均线处于"多头排列"[注2]状态。

（3）投资者见此图形可跟着做多，持股者可持股待涨，持币者可分批买进。这样操作的理由是：因为该股上行趋势已经形成，股价上涨得到了成交量的配合。该股上涨沿着 5 日均线往上爬升，这是一种强势上升形态，表明主力在积极做多。只要该股 5 日均线不向下弯头，就可继续看多、做多（见图 148）。

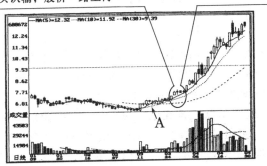

广华化纤(600672)1998 年 1 月～1998 年 4 月的日 K 线走势图

图 148

[注1] 关于"银山谷"的特征和技术含义，详见《股市操练大全》第二册第 29 页～第 33 页。

[注2] 关于"多头排列"的特征和技术含义，详见《股市操练大全》第二册第 16 页～第 19 页。

习题**82** 仔细观察图149,回答后面的问题:

(1)请画出该股"头肩顶"的颈线,并指出其头部、左肩、右肩所处的位置。

(2)投资者见此图形应如何操作?

(该股日后走势见图 150)

图 149

参考答案 (1)所要画出的"头肩顶"[注]的颈线,及所要指出的头肩顶的头部、左肩、右肩所处的位置见图 150。

(2)当股价跌破颈线后,投资者就应看空做空。在图 150 中箭头 A 所指处,股价跌破颈线已超过 3 天,且离颈线位的下跌幅度也已超过 3%,实属有效跌破。此时,投资者就应该充分认识到该股转弱几成定局,这时应抓紧时机抛出。另外,投资者应看到该股自下穿"头肩顶"颈线位后,出现了一次回抽,回抽受阻的位置就是图 150 中箭头 B 所指处。但这种回抽现象是投资者可遇而不可求的,所以,如果手中还有剩余筹码的投资者,就应在此全部出清,当然,离场的投资者更应该坚持持币观望。

[注] 关于"头肩顶"的特征和技术含义,详见《股市操练大全》第一册第 238 页 ~第 241 页。

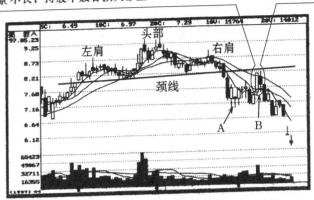

该股"头肩顶"的颈线被有效击穿后，股价虽出现止跌回升，但好景不长，持股不放者损失惨重

蜀都(0584)1997年2月～1997年5月的日K线走势图

图150

习题 83 仔细观察图151,回答后面的问题:图中箭头 A 所指处收了 1 根"大阳线",成交放出了天量。有人说,在底部放量是庄家建仓的标志,现在应该是逢底买进的时候。你同意这种说法吗? 为什么?

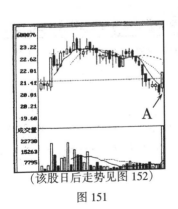

(该股日后走势见图152)

图 151

参考答案　我不同意。这是因为,第一,在箭头 A 所指处拉出的 1 根"大阳线"正处于均线粘合着向下发散的起始点,在这个位置上股价向下概率要远远大于向上概率。第二,底部放量是指股价下跌幅度已经很深,股价跌无可跌时,成交量突然急剧增加,这才能称为底部放量。从图 151 中看,该股下跌刚刚开始,何来底部放量。现在放量,很可能是庄家利用拉"大阳线"掩护出货的诱多行为,量放得越大,庄家出逃现象就越严重。综合这两条理由,我认为现在绝不是逢低买进的时候(见图 152)。

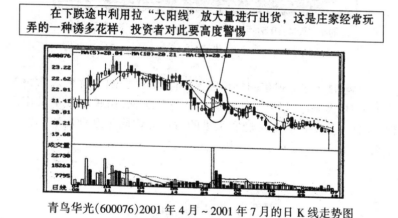

青鸟华光(600076)2001 年 4 月～2001 年 7 月的日 K 线走势图

图 152

习题 84　仔细观察图153,回答后面的问题:箭头 A 所指处买进,做多的风险很小,在箭头 B 所指处卖出,做空的风险也很小。请问这是为什么呢?

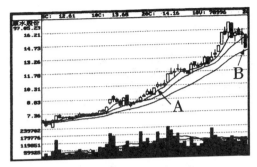

（该股日后走势见图 154）

图 153

参考答案　在箭头 A 所指处买进，做多的风险很小，是因为：（1）均线处于"多头排列"[注1] 状态，"多头排列"是买进信号；（2）在箭头 C 所指处（见图 154）形成了一个"向上突破缺口"[注2]，该缺口一直没有回补，说明多方力量很强；（3）股价在箭头 A 所指处创出了新高，表明多方主力开始展开一轮新的升势。

在箭头 B 所指处卖出，做空风险很小，是因为：（1）在这前面已出现了"倾盆大雨"[注3] K 线组合（见图 154 中画圈处），这是一个见顶信号；（2）虽然该股上涨时一直沿着 5 日均线往上攀升，但在箭头 B 所指处已跌破 5 日均线，且 5 日均线出现了向下弯头现象。根据均线理论，原来沿着 5 日均线上升的股票，如有效击穿 5 日均线应视为卖出信号；（3）在箭头 B 所指处拉出 1 根"大阴线"[注4]。股价下跌

　　[注1]　关于"多头排列"的特征和技术含义，详见《股市操练大全》第二册第 16 页~第 19 页。

　　[注2]　关于"向上突破缺口"的特征和技术含义，详见《股市操练大全》第一册第 274 页~第 277 页。

　　[注3]　关于"倾盆大雨"的特征和技术含义，详见《股市操练大全》第一册第 56 页~第 58 页。

　　[注4]　关于"大阴线"的特征和技术含义，详见《股市操练大全》第一册第 23 页~第 27 页。

初期出现"大阴线",后势大多不妙。

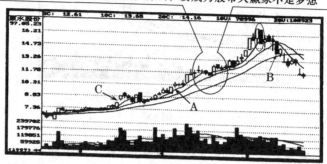

如果投资者能严格按照 K 线、均线等操作规则来买卖股票，在 A 处买进，在 B 处卖出，那么，要成为股市大赢家不是梦想

原水股份(600649)1997 年 2 月～1997 年 5 月的日 K 线走势图

图 154

习题 85 简述如何以换手率来判断热门股？

参考答案 换手率高,说明近期有大量的资金进出该股,流通性良好。投资者可将近期每天换手率连续超过 2% 的个股,列入备选对象之中,这样就可大大缩小选股范围,然后,再根据一些辅助规则,从高换手率个股中精选出最佳品种。

这里需要注意的是,换手率的高低是一个相对的数值,在不同时期内其标准是不一样的。根据经验,空头市场日平均换手率高于 2% 为热门股,多头市场日平均换手率高于 5% 为热门股。考虑到最初热门股往往是在空头市场向多头市场转化中出现的,因此,将每天换手率超过 2% 的个股,列入备选对象之中比较适宜。

习题 86 简述题材真假和市场背景的关系？

参考答案 我们在判断题材真假时,不能忘记市场背景,在有利做多的市场背景下,只要形势没有热过头,一些市场热门题材就要当真的看,顺势而为跟着做多;反之,在有利做空的市场背景下,只要形势没有冷到极点,即使真的有什么好的题材出现,也不能看成是真的,短线上涨千万别追,逢高减磅应是最佳选择。

习题 87　什么是市盈率? 市盈率的主要用途是什么?

参考答案　市盈率是投资分析理论中衡量股票投资价值的最重要的指标之一。尤其对长期投资而言,市盈率更是判断投资价值不可忽视的基本要素。市盈率(P/E),又称本益比,顾名思义,就是股票的市场价格与其每股税后利润的比值,它的计算公式是:

$$市盈率(倍) = \frac{收盘价}{上年度每股税后利润}$$

　　市盈率是考察股票投资价值的静态参考指标。20 倍市盈率的股票表示:如果每年每股的盈利率保持不变,把历年的盈利全部用于派发股息,需要 20 年才能收回投资成本(这里未考虑企业的成长性和同期的银行利率等因素)。

　　市盈率在证券市场中有着广泛的应用,其主要用途是:(1)可以作为投资者选择股票和选择股票买卖时机的参考指标;(2)可以作为证券分析人员判断股市行情的发展趋势的重要依据;(3)上市公司可以根据市盈率确定新股发行的价格和配股价格;(4)证券管理部门制定股市政策时,往往把市盈率作为判断股市发展状况的重要指标;另外,市盈率还是国际通用的衡量各国股市泡沫大小的一个重要指标。

习题 88　经验告诉我们:对失宠的热点板块或热点个股不要留恋,不要轻易进行补仓。请问:你能简单说说这是为什么吗?

参考答案　当股市中的某一热点退潮后,投资者对失宠的热点板块或热点个股不能再留恋。因为,一般来说,一个热点退潮后,要再次得到市场的宠爱,决非短期内可以实现的,它需要有一个很大的下跌调整空间,这种调整历时几个月、几年都有可能。因此,有经验的投资者,对那些失宠的热点板块或热点个股,都会采取一刀两断的做法,即使有些损失了,也在所不惜。这些投资者心里都很清楚,股市是个喜新厌旧的市场,你不抛弃旧的热点,市场就会抛弃你,让你输得没完没了,动弹不得。

习题 89 题材炒作并非是空穴来风,它有着完整的理论基础。题材炒作虽会对股市带来负面影响,但总的来说,对股市发展还是功大于过。现在我们能做到的是,要尽量减少它的负面效应,增加它的正面效应。请问:如果要做到这一点,投资者在利用题材寻找最佳投资机会与选股时,操作上要注意哪些问题?

参考答案 (1)题材发现要早,当一个新题材出现时,只要新题材能引起市场共识,就应该顺势而为,充分利用题材来趋利避险。

(2)任何炒作,题材本身并不重要,重要的是能否引起投资大众的共识。如能引起市场共鸣,形成热点可积极参与;如不能引起市场共鸣的题材,尽量不要参与。

(3)除了股票的质地和业绩外,题材只是庄家借用的一个旗号,那些被恶炒得太离谱的各种概念终将回归其本身的价值,盲目跟风的投资者就会成为庄家的囊中之物。

(4)要抢在题材酝酿之时加入,题材明朗之前退出,题材具有前瞻性、预期性、朦胧性和不确定性。题材只有处于朦朦胧胧的状态,对投资大众才有吸引力,股价才会上涨,而一旦题材的神秘面纱被揭开后,这个题材的作用也就到尽头了,股价就要下跌。

(5)题材贵在创新,留恋题材要吃大亏。在创新题材刚推出时,对与之相关的个股就宜采用耐心持有的中长线操作方法,这时往往可以获得较大的利润。但当该题材已被利用了很长一段时间,在市场上到处乱传时,对与之相关的个股就宜采用投机性的短线操作法,如果操作慢了,就很有可能被套在高位。

（6）要注意题材的真实性,对虚假的题材要提高警惕。股市不能没有题材,但人为杜撰的题材是没有生命力的,只有具有真实内涵的题材,才能在市场上发挥效用。

习题 90 在一轮多头行情中,相对大盘股而言,小盘股跑出黑马的机会要多一些。请问:具备什么样条件的小盘股最具有升值潜力?

参考答案 我们对近年来小盘股的涨跌进行统计,从中发现下列类型的小盘股最具有升值潜力,是投资者在大势向好的多头市场中,较为理想的选股对象。

（1）总股本最好在 3 亿股以内,流通盘最好在 5000 万股以下;

（2）绝对价位一般应在 15 元以下,如果在 10 元以下则更好;

（3）近半年或一年没有被爆炒过,盘中明显有大资金活动的痕迹;

（4）技术形态良好,均线呈多头排列;

（5）有迹象表明该公司将转向信息技术、生物技术等朝阳产业;

（6）有较高的资本公积金或较高的未分配利润;

（7）如有配股资格或已踏进配股及格线的则更好,这样可以缩短重组后主力再筹资的时间,主力会更感兴趣。

（二） 问答题

习题 91 一天,甲、乙两人观察图155后,发表了各自的看法。甲说,从均线形态看,这个股票仍有进一步下跌动能,现在不可买进,仍应持币观望。乙不同意甲的观点,认为该股下跌时始终没有放量,呈现价跌量缩态势,目前,成交量已萎缩得非常厉害。无量空跌,说明庄家仍在其中,成交量极度萎缩,说明做空能量已经衰竭。

现在该股正在构筑一个低位平台,随时都有可能引发一轮报复性上涨行情。因此,投资者可以考虑适当买进。请问:甲、乙两人谁的看法正确?为什么?

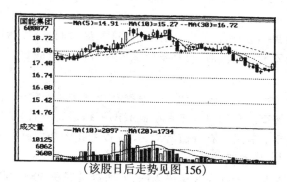

(该股日后走势见图156)

图 155

参考答案 甲的看法正确。因为,从图155看,该股均线呈明显向下发散状态。按均线操作理论,当个股均线向下发散时,表明做空的动能继续存在,即使股价暂时止跌,出现平台整理,日后还有继

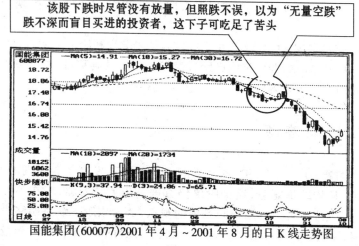

国能集团(600077)2001年4月~2001年8月的日K线走势图

图 156

续下跌的可能性。有些人以为,下跌时只要不放量,说明庄家仍在其中;平台整理时成交量大幅萎缩,股价随时会触底反弹。其实,这种看法是不正确的,正如本书开头"炒股七字经"中所说:"跌时不看成交量,量大量小照常跌,拘泥下跌不放量,深套之后喊冤枉。"因此,我们在判断股价下一步走势时,重点不是看其成交量如何,而是看其均线走势如何,均线呈向下发散状态,就应该持币观望,而不能盲目看多、做多(见图156)。

习题 92 图157是深市中的某 A 股某段时期的日 K 线走势图。股价从高位见顶回落算起,目前股价已跌去本轮升幅的1/3,并在0.382 黄金分割位附近出现了止跌回升的迹象。有人认为,前期在高位套牢的投资者可在这个价位适当进行补仓,空仓者也可进行尝试性买进。请问:这种操作方法是否正确? 为什么?

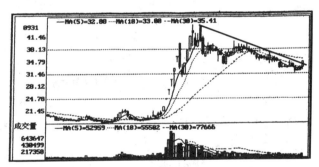

(该股日后走势见图158)

图 157

参考答案 这种操作方法并不正确。因为一个股票下跌 1/3,或跌至黄金分割位 0.382 位置处,并不是买进股票的理由。从股市运行规律来看,强势股在上升时,回调 1/3 常常可以止跌企稳并再重拾升势,但是弱势股下跌后,一轮跌幅接近 60%、70% 是常有的事,超过这个跌幅也并不鲜见。因此,在你并不清楚某一股票下跌是强势股的正常回调,还是强势股升势已经结束,转为弱势股步入漫漫熊途之前,就推测某股下跌1/3处即可补仓或进行尝试性买进,是一种十分盲目的操作行为。正确的操作方法是:先看其均线系统如何。从该股均线系统看,在其均线呈交叉向下发散状态后已呈典型的"空头排列"。按照均线理论提示:"空头排列是一座危墙"[注],根

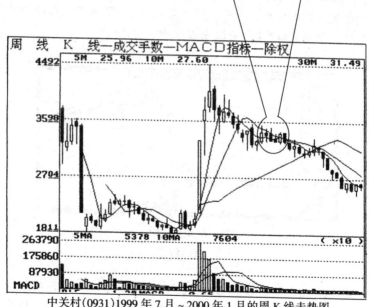

该股形成下跌趋势后,并没有在人们企望的0.382黄金分割位上止跌回升,一年多来,股价狂泻不止,至今仍无止跌迹象。可见,不分析股价整体趋势,只机械地运用黄金分割位来做股票,必然会造成重大的投资失误,这个教训一定要记住

中关村(0931)1999年7月~2000年1月的周K线走势图

图158

①[注] 关于"均线空头排列是一座危险"的道理,详见《股市操练大全》第二册第22页。

本不是买股票的时候,只能持币观望。再看其下降趋势线如何。从该股下降趋势线看,股价虽已收在其上方,但此时,上升趋势线还没有形成,所以,投资者只能持币观望。因此,投资者若在此情况下看多、做多,很容易被套住,事后必然后悔不已(见图158)。

习题93 图159中箭头 A、B、C、D 所指处是 4 个跳空缺口。其中有的是"向下跌空缺口",有的是"向上跳空缺口",请你把它们辨别出来,并简要说明如何按照缺口的技术提示进行操作。

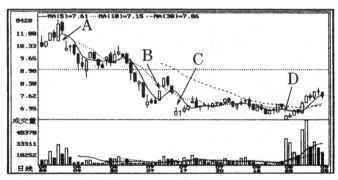

(该股走势分析见图160)

图 159

参考答案 A、C、D 处为"向下跳空缺口"[注1],B 处为"向上跳空缺口"[注2]。其中,A 处为"向下突破缺口"。按照缺口理论,出现"向下突破缺口",原则上应看空做空,此时投资者应抛空离场。该股下跌后出现了 B 处这样的"向上跳空缺口",但很快就被 2 根小阴

[**注1**] 关于"向下跳空缺口"的特征和技术含义,详见《股市操练大全》第一册第277 页～第279 页。

[**注2**] 关于"向上跳空缺口"的特征和技术含义,详见《股市操练大全》第一册第274 页～第277 页。

线封闭,并又出现了第二个"向下跳空缺口",即箭头 C 所指处。此时投资者仍应继续看空,持币观望。该股经过一段横盘后又出现了第三个"向下跳空缺口",即箭头 D 所指处。古人云:一而再,再而三,三而竭。第三个"向下跳空缺口",通常表示做空能量的衰竭,因此第三个"向下跳空缺口",又称之为"衰竭缺口"。此时投资者就不能再盲目看空,抛售股票,应积极做好做多准备。后来,果然不出所料,该跳空缺口很快就被封闭,出现了"稳步上涨形"[注] K 线图形,成交量也随之放大,一轮反弹行情呼之欲出(见图 160)。

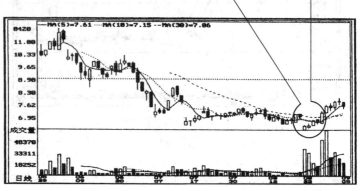

通常,下跌时出现第三个"向下跳空缺口",往往是跌势穷尽的一种表现, 此时,看空、做空风险极大。瞧! 该股出现第三个"向下跳空缺口"后,股价开始见底回升

吉林化纤(0420)1997 年 5 月～1997 年 9 月的日 K 线走势图

图 160

习题 94 通常,股票见顶回落都是有一个过程的。因此,投资者只要对卖出信号有所识别,在次顶位出逃,还是能做得到的。现

[注] 关于"稳步上涨形"的特征和技术含义,详见《股市操练大全》第一册第 100 页～第 102 页。

在,请你以图 161 中的个股为例,说明图中 A、B、C、D、E、F 处是怎样不断提醒投资者看空、做空的?

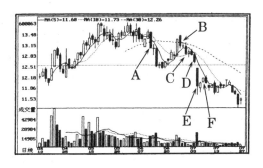

"皖维高新"(600063)2001 年 4 月 ~ 2001 年 7 月的日 K 线走势图

图 161

参考答案 图中A处的大阴线是根"断头铡刀"[注],一下子把 5 日、10 日、30 日 3 根均线全部切断。它在提醒投资者:该股形势开始逆转,持有者该离场了。

如果投资者对"断头铡刀"卖出信号认识还不清楚的话,在图中 B 处就应该有所觉悟了。因为图中 B 处也在提醒你,该股下跌后的反抽在 30 日均线处遇到了强阻力,一轮小反弹宣告失败,此时投资者应该抓紧出货。

图中 C 处是一个较好的出货点。如果在图中 B 处没有出逃的投资者,在图中 C 处就应该引起高度警惕,因为图中 C 处股价已再次跌破 5 日均线,反弹失败后,新的做空力量已得到重新积聚。识时务者为俊杰,三十六计,走为上计。

再退一步说,投资者若对这点仍旧认识不清的话,那么在图中 D 处就应该完全明白了。因为图中 D 处已十分清楚地表明,该股 5

[注] 关于"断头铡刀"的特征和技术含义,详见《股市操练大全》第二册第 97 页 ~ 第 99 页。

日、10 日、30 日均线再次向下发散,继续下跌已不可避免。此时不逃,更待何时?

在图中 E 处,该股出现了第一个向下跳空缺口,俗称"向下突破缺口"[注]。这说明该股下跌趋势已经形成,这是给投资者提供的又一次逃命机会。如再不抓紧离场,损失将越来越大。

在图中 F 处,"向下突破缺口"的出现已超过了 3 日。从理论上说,超过 3 日就说明这个缺口向下突破是有效的,到此时,该股可以说做多力量已被空方彻底瓦解,继续向下寻底已成定局。如果投资者仍固执己见,持股不放,那一路深套也就怪不得谁了。

习题 95　一天,大户室汪小姐指着图 162 说,现在大盘走势虽不够稳健,但该股的形势却很微妙,向上向下均有可能,不过,从整体走势上分析,向上的可能性略大些。因此,最好的投资策略是以静制动,即不卖,也不买,等待方向明朗后再作定夺。但大户室里的苏女士不同意汪小姐的分析,认为该股呈圆顶走势,目前已跌破 30 日均线,投资者以及时停损离场为宜。请问,谁的意见正确,投资者应如何操作?

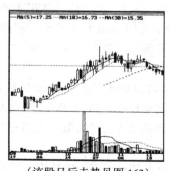

MA(5)=17.25　·MA(10)=16.73　--MA(30)=15.35

(该股日后走势见图 163)

图 162

[注]　关于"向下突破缺口"的特征和技术含义,详见《股市操练大全》第一册第 277 页 ~ 第 279 页。

参考答案　我基本同意汪小姐的看法。表面上看,该股呈一个"圆顶"走势,且股价已跌破 30 日均线,有继续向下寻底的要求。但仔细分析后,使人不得不怀疑在大盘走势向好时,该股庄家正在制造一个"空头陷阱"[注1],引诱投资者在此做空,以达到他们"震仓洗盘"[注2] 的目的。那么,这样分析有何依据呢?

第一,该股在上涨初期放过大量,但在后面却出现逐渐缩量,即使在构成"圆顶"时,成交量也没有放出,而且下跌时成交量萎缩得非常厉害。在此情况下,庄家如何顺利出逃呢? 退一步说,该股继续下跌,套住的不仅是中小散户,首先套住的就是庄家自己。试想,在大盘稳健向上运行时,如不是万不得已,庄家会这样做吗?

第二,该股虽然跌破 30 日均线,但跌幅有限,还没有达到"有效跌破"[注3] 的标准,且 30 日均线仍在继续往上走。根据均线分析理论,股价只有在"有效跌破"30 日均线,或 30 日均线往下走的时候才能看空、做空。而到目前为止,这种情况并没有发生。因此,现在盲目地看空、做空是不适宜的。

综合以上分析,我认为投资者现在可以这样操作:持股者,可继续持股观望(如仓重者可适当减掉一些仓位,以防万一);持币者,可继续持币观望(如空仓者可适当进行逢低吸纳,先试探性地买进一些筹码)。因为,从该股走势的总体趋向而言,向上的可能性略大些。因此,投资者在以静制动的过程中,应多作一些做多的准备。譬如,日后几天发现该股的股价重心在往上移,就应该采取积极做多的策略,及时跟进。当然,股市瞬息万变,尽管现在估计向下可能性并不大,但如果万一发现日后几天股价重心在往下移,且成交量

　　[注1]　关于"空头陷阱"的特征和技术含义,详见《股市操练大全》第二册第 113 页~第 117 页。

　　[注2]　关于"震仓洗盘"的特征和技术含义,详见《股市操练大全》第三册第 205 页~第 207 页。

　　[注3]　关于"有效跌破"的特征和技术含义,详见《股市操练大全》第二册第 248 页~第 250 页,第 251 页"股市操作经验漫谈之四十九"。

开始放大,那就要放弃做多,退出观望。

> 如果投资者在该股股价伴装跌破30日均线时,还看不清主力的意图的话,那么,在该股均线形成"金山谷"^[注]后,就应发觉主力正在积极做多。此时跟进,风险小,机会大

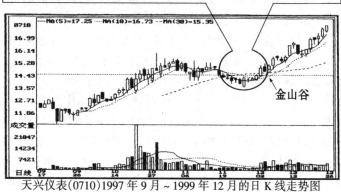

天兴仪表(0710)1997年9月～1999年12月的日K线走势图

图163

习题 96 仔细观察下图,回答后面的问题:(1)图中该股均线处于什么状态,这是一个什么信号? (2)该股刚上涨就出现了"黑三兵","黑三兵"是卖出信号,现在是否应该止损离场?

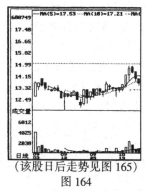

(该股日后走势见图165)

图164

[注] 关于"金山谷"的特征和技术含义,详见《股市操练大全》第二册第29页～第33页。

参考答案　（1)图中该股均线处于向上发散状态,这是一个做多的信号。(2)从图中看,近几日的 3 根小阴线的确形成了"黑三兵"[注] K 线组合。我们在学习《股市操练大全》第一册时就了解到,在上涨途中出现"黑三兵"是卖出信号。那么,看到这个"黑三兵"是不是应该停损离场呢? 我们认为不能。因为从该股走势看,目前股价仅仅属于刚启动阶段,还谈不上是上涨途中,因此,这个"黑三兵"的 K 线组合是不是卖出信号就值得怀疑。这不竟使人想起,主力在行情发动前经常会用它进行洗盘,我们应该想到主力这一次会不会又是故技重演呢? 而且,更重要的是,投资者在作出买卖决策时,主要应该看股价运行的趋势如何,并不是股价一时的涨跌。如果我们以图 164 中的均线系统进行分析,就可以发现,虽然近日该股出现了"黑三兵",但均线向上发散的形态没有遭到破坏。此

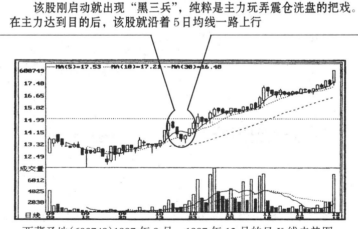

该股刚启动就出现"黑三兵",纯粹是主力玩弄震仓洗盘的把戏。在主力达到目的后,该股就沿着 5 日均线一路上行

西藏圣地(600749)1997 年 9 月 ~ 1997 年 12 月的日 K 线走势图

图 165

[注]　关于"黑三兵"的特征和技术含义,详见《股市操练大全》第一册第 85 页 ~ 第 87 页。

外,该股价量关系配合得也相当好,价升量增,价跌量缩。所有这些都说明,该股的整体趋势正在朝着有利于多方的方向发展(见图165)。根据这一情况,我觉得持股者现在不应该止损离场,仍可持股观望(当然,如果"黑三兵"后股价再接连下跌,且收盘击穿30日均线,那也只好先退出观望,但估计这种可能性不大)。

习题 97 林小姐炒股另有一招。自图 166 中的该股一路下跌以来,在 A、B、C 处都有人认为跌得差不多了,纷纷买进该股,而林小姐在别人买进的时候,每次用一把尺量一下,就说现在不能买,买进就会被套住。当时,很多人对她的话并不以为然。但说来也怪,每次都让林小姐说中了。请问:林小姐判断行情如此准确,究竟用了什么奇妙的方法?

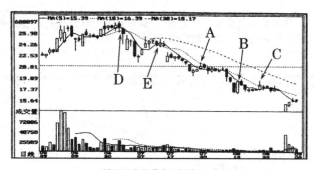

(该股图形分析见图167)

图 166

参考答案 林小姐用的方法说来也很简单,即用一把尺,对股价高点进行测量,凡高点下移,股价在尺子下面都视为做空对象,只卖不买。因此,当她看见别人在图 166 中的 A、B、C 处买进该股时,就向做多者发出警告:谁买进,谁就会被套住。但是,很可惜,林小姐的"忠告"没有使这些做多的投资者回心转意,他们仍我行我素,这样,被套住也就不奇怪了。

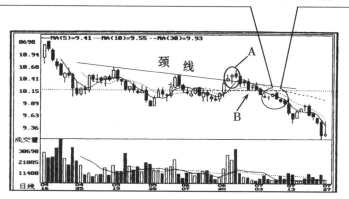

該股股價沖破頸線後，隨即又跌破頸線，並形成了綿綿陰跌的走勢，過後不久，股價出現了加速下跌。投資者稍有遲疑，就會被牢牢套住

沈陽化工(0698)2001年4月～2001年7月的日K線走勢圖

圖169

習題99　圖170中的個股,今天收了1根中陰線。中戶室裡的老閔做股票一直很小心,他仔細看了看該股走勢後,對同室股友說:明天我們還是先退出觀望再說吧,因為這根中陰線已經把前1根陽線全部吞吃了,說明空方開始向多方發動進攻了;另外,圖中A、B兩

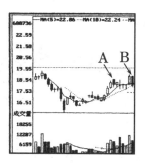

（該股日後走勢見圖171）

圖170

处已经形成了一个小双顶。但一位刚从股市强化训练班学习回来的小赵不同意老闵的看法，他认为多方还在控制着这个局势，现在应该继续持股观望。后来的事实，证明小赵的看法是正确的。请问：小赵认为做多的依据是什么？老闵的做空判断错在什么地方？

参考答案 小赵认为对该股继续做多的依据主要有 2 条。（1）已形成了一条"上升趋势线"[注1]，目前股价在"上升趋势线"上方运行；（2）5 日均量线上穿 10 日均量线，形成"黄金交叉"[注2]。成交量放大，有新的资金在进场。按照技术分析理论，通常，在股价形成了上升趋势后，上涨的概率要比下跌的概率大得多。因此，只要股价在"上升趋势线"之上运行就可以看多、做多。

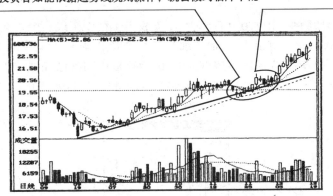

> 该股沿着上升趋势线，很有规律地以进二退一的方式往上运行。投资者如能依据趋势线规则操作，就会做到临阵不乱

苏州高新(600736)1997 年 9 月～1997 年 12 月的日 K 线走势图

图 171

[注1] 关于"上升趋势线"的特征和技术含义，详见《股市操练大全》第二册第 236 页、第 237 页。

[注2] 关于均量线"黄金交叉"的特征和技术含义，详见《股市操练大全》第二册第 408 页。

那么,老闵的做空判断错在什么地方呢? 第一,没有从股价运行趋势上进行分析,而只是看到局部的涨跌,"只见树木,不见森林",因此很难看清股价下一步的方向。第二,对技术分析尚处于一知半解状态。譬如,"双顶"[注]的问题,从时间、空间上说,"双顶"是股价上涨到头的一种技术图形;从形态上说,"双顶"有明显的2个头部,并能有一条清晰的颈线。而看图中股价尚处于见底回升阶段,何来"双顶"呢? 头部在什么地方? 颈线又在何处? 当这一切都没有搞清楚之前,就主观地认为"双顶"出现了,自然会作出错误的判断(见图171)。

习题 100　一天收盘后,老余看了图 172 中走势后,对周围股友说,该股今天 K 线为"高开出逃形",下跌时成交放出了天量,这是一个典型见顶信号。明天应抓紧停损离场,否则必套无疑。大家听了将信将疑。请问:你认为老余的意见是否正确,现在应该如何操作?

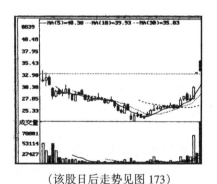

(该股日后走势见图 173)

图 172

参考答案　我认为老余的意见并不正确。老余说该股今天的 K

　[注]　关于"双顶"的特征和技术含义,详见《股市操练大全》第一册第 243 页～第 245 页。

线为"高开出逃形"[注1]，这个判断是错误的。根据 K 线理论，"高开出逃形"K 线应该是在下跌途中出现的，现在股价在上涨途中，怎么会出现"高开出逃形"K 线呢？诚然，今天该股是收了 1 根大阴线，成交也放出了天量，但这根阴线是紧接着"向上跳空缺口"[注2] 和"一字线"后出现的，这就有两种可能性：一种是长庄主力在股价向上突破后，用高开收阴的方式强行洗盘，进行多空大换手，以此来夯实股价，减轻上行压力；另一种是短庄主力因本身资金实力有限，在完成短期升幅目标后，仓皇出逃，大量派发手中筹码，才形成了今天价跌量增的局面。那么，这两种可能性，哪一种更大一些呢？

如果我们从均线角度分析，前一种可能性更大一些，因为该股均线正处于"首次交叉向上发散形"[注3] 的状态。众所周知，均线交叉向上发散是做多的信号，目前该股交叉向上发散的形态没有改变，继续向上的可能性依旧存在。但是，话得说回来，均线向上发散后，先是 1 根大阴线，接着再收几根阴线，使均线向上发散后再重新收敛起来的情况也并不鲜见。这就是说，股价向下的可能性也不能完全排除。这样，投资者面对的是一个还不能完全看清，方向不明的局面，做多、做空都要冒一定的风险。

不过，这儿需要指出的是，从统计概率上说，在这种情况下做空，所冒的风险比做多的风险要来得大。因此，如果不问三七二十一，见到图 172 走势，就停损离场，说不定就落入主力震仓洗盘的圈套。

我认为，面对该股目前的走势，正确的操作方法是：以静制动。持币者暂时不买进，看一看再说；持股者也先不要退出，看日后几天

[注1]　关于"高开出逃形"的特征和技术含义，详见《股市操练大全》第一册第 132 页~第 134 页。

[注2]　关于"向上跳空缺口"的特征和技术含义，详见《股市操练大全》第一册第 274 页~第 277 页。

[注3]　关于"首次交叉向上发散形"的特征和技术含义，详见《股市操练大全》第二册第 43 页~第 46 页。

股价走势如何再作定夺。这里做多、做空的主要依据就是看前面的"向上跳空缺口"是不是会被封闭，如被封闭了，那只能认赔出局，如没有被封闭，就可以继续持股待涨（见图173）。

> 该股主力在均线向上发散，形成"向上跳空缺口"后，用大阴线诱骗投资者做空。强行洗盘，洗完盘之后又将股价拉了上去

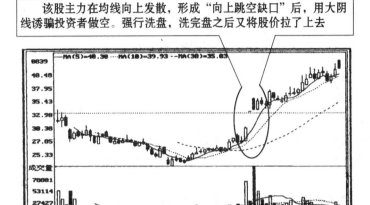

中信国安(0839)1998年1月～1998年4月的日K线走势图

图173

习题101 图174、图175中箭头A所指处都收了1根高开低走的大阴线。有人认为出现这样的K线，股价将酝酿新一轮跌势，但

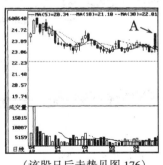

（该股日后走势见图176）

图174

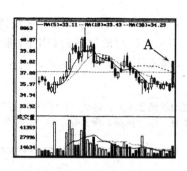

（该股日后走势见图177）

图 175

也有人不同意这种看法，认为股价高开低收是多方主力在试盘，日后股价必定向上走。请问：你同意谁的看法？其理由是什么？

参考答案 我同意出现这样的 K 线，股价将酝酿新一轮跌势的说法。从我们掌握的资料来看，出现这样的 K 线图形继续下跌概率

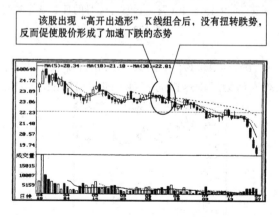

联通国脉(600640)2001 年 4 月~2001 年 7 月的日 K 线走势图

图 176

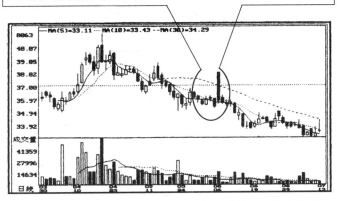

该股出现"高开出逃形"K线组合后，股价继续下跌，让盲目买进做多的投资者叫苦不迭

中兴通讯(0063)2001年3月～2001年7月的日K线走势图

图177

超过了70%。为什么这样说呢？因为这样的K线组合在技术上称之为"高开出逃形"，"高开出逃形"的特征是：在跌势中某日突然大幅高开(甚至以涨停开盘)，当天就遭到空方一路打压，收出一根大阴线(甚至以跌停板收盘)。"高开出逃形"多数是被套庄家利用朦胧消息拉高出货所致，一般在这根大阴线之后，股价将有一段较大跌势(见图176、图177)。因此，投资者见到此K线图形，惟一的选择就是马上停损离场。所以，那种认为在下跌途中出现高开低收的大阴线是多方主力在试盘的说法是错误的。

习题102　收盘了，中户室里的一些股友仍坐在电脑屏幕前不愿离去，在思考自己前几天在图178中箭头A所指处重仓买进该股的决策是否正确。他们想了又想，觉得在A处做多没有错。因为，其一，在A处出现了一根阳线，收盘已站在"双底"颈线之上；其二，A处已经形成了一个"向上跳空缺口"；其三，特别重要的是，股价往上突破颈线时，得到了成交量的配合，成交量比平时放大了6、7倍。放量上攻是主力做多的重要标志。现在股价虽有回落,连拉几根小阴线,但这是主力的一种诱空行为,是在震仓洗盘。请问:你认为他们买进该股的理由是否充足? 现在应该如何操作?

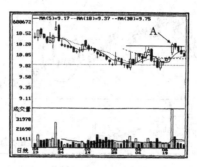

（该股日后走势见图181）

图178

参考答案 该中户室里的股民在图178中A处重仓买进该股的理由并不充足,盲目买进该股蕴含着很大风险。其理由是:

第一,该股"双底"[注]形态不可靠。通常,只有在2个低点相隔的时间超过一个月之后,构筑的"双底"才算较为扎实,而图中的"双底"的2个低点,加起来交易时间尚不足一个月。

第二,从理论上来说,"双底"形成后,股价突破颈线后至少要站稳3日以上,且股价冲出颈线要有3%以上的涨幅,才能视作为有效突破。再进一步说,如果要真正获得成功,股价在破颈线后还常常有个回抽动作,以此确认突破颈线的有效性。但是所有这些成功要素在图178中都未出现过。因此,所谓"双底"和突破颈线的说法,就很值得怀疑。

　　[注]　关于"双底"的特征和技术含义,详见《股市操练大全》第一册第241页～第243页。

第三,图 178 中的缺口并不是真正的"向上跳空缺口"[注1]。因为它是在 30 日均线向下移动(弱势)状态下形成的,而且很快就被封闭。之所以会出现这种情况,很可能是主力在设圈套让不明就里的投资者往里钻,对此投资者要提高警惕(见图 179)。

第四,"放量上攻"的疑问颇多。从经验上来说,某股下跌后突破放量上涨有可能是主力做多所为,也有可能是主力借机拨高出货所致。如果是前者股价放量后重心会往上移,如果是后者股价重心会往下移(见图 180)。但现在该股在放量之后重心是确确实实在往下移。这个放量上涨有可能是主力设置的一个"多头陷阱"[注2],投资者还是提防着一点为好。

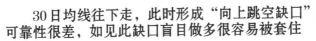

30 日均线往下走,此时形成"向上跳空缺口"可靠性很差,如见此缺口盲目做多很容易被套住

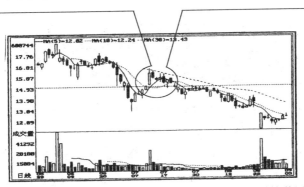

华银电力(600744)1997 年 5 月~1997 年 9 月的日 K 线走势图

图 179

[注1] 关于"向上跳空缺口"的特征和技术含义,详见《股市操练大全》第一册第274 页~第 277 页。

[注2] 关于"多头陷阱"的特征,详见《股市操练大全》第二册第 110 页~第 113页。

放量上攻是真是假，只要看看在这之后股价重心是往上移，还是往下移，一切就可以明白了

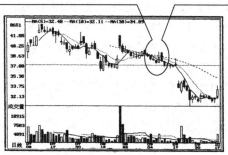

格力电器(0651)1997年7月～1997年10月日的K线走势图

图180

重仓买进该股的投资者盲目寻找做多的理由，这仅是一厢情愿的事。主力设置的"多头陷阱"正等着那些盲目看多者往里钻

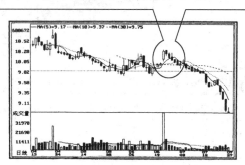

英豪科技(600672)2001年4月～2001年7月的日K线走势图

图181

综合上面的分析,我们认为该股的上涨缺口已被封闭,不太可能是主力在洗盘,而多数是主力又一次出逃所为(见图181)。投资者见此情况,持筹者应该马上停损离场,持币者应继续持币观望。

习题 103 现在有两种不同类型的投资者,一种是激进型投资者,一种是稳健型投资者,大家都想买图182中的个股。请问:激进型投资者和稳健型投资者的买进点应该各自设在箭头 A 还是箭头 B 所指处? 理由是什么?

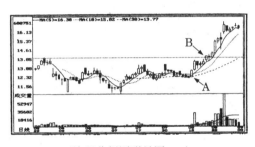

(该股分析图形见图183)

图 182

参考答案 激进型投资者的买进点应该在 A 处。理由是:图182 中 A 处拉出了 1 根中阳线,且股价收在 5 日、10 日、30 日均线上方,这说明盘中出现了新的做多力量。但这个做多力量是否持久,多方是否会被空方打败,这一切在当时看来都还是未知数。当然话得回过头来说,不管日后形势如何发展,毕竟在 A 处让投资者看到了希望。因此,激进型投资者在该股拉出中阳线后的第 2 天就可试着买进。

稳健型投资者买进点应该设在图182 中的 B 处。理由是:(1)B 处均线形成了向上发散态势; (2)B 处股价已站在"头肩底"[注]的

[注] 关于"头肩底"的特征和技术含义,详见《股市操练大全》第一册第236页~第238页。

颈线位上方;(3)K线组合是"稳步上涨形"[注]（见图183中画圈处）;(4)成交量在急剧放大之后,出现温和放大。综合这几条理由,说明在B处多方已居上风,此时买进做多的风险相对较小(见图183)。

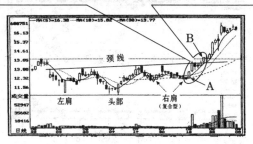

股市是高风险、高收益的市场。激进型投资者在A处买进,虽然成功后收益较高,但失败的风险也较大;稳健型投资者在B处买进,成功后收益虽较低,但失败的风险也相对较小

天津海运(600751)1997年5月～1997年9月的日K线走势图

图183

习题104 图184中该股除权后走出了一段填权行情,不过,这几天走势不妙,拉出了一根大阴线。甲认为现在应及时抛售离场,而乙却持相反意见,认为虽然现在该股拉出了一根大阴线,但收盘价仍站在30日均线之上,这说明30日均线对该股股价有着很强的支撑作用,这很可能是庄家的洗盘动作,洗盘后股价仍会往上走。请问:你同意谁的观点？为什么？

[注] 关于"稳步上涨形"的特征和技术含义,详见《股市操练大全》第一册第100页～第102页。

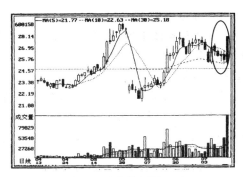

（该股日后走势见图 185）

图 184

参考答案 我同意甲的意见。理由是：(1)昨日收出的一根大阴线，从 K 线形态上说是"高开出逃形"[注1]，而且成交量也急剧放大，这表明庄家正利用一些投资者对该股"填权"的错觉，正在大量向外发货；(2)从技术图形上看该股正在形成一个"圆顶"[注2] 走势；(3)5 日、10 日均线早已形成"死亡交叉"[注3]。综合以上分析，该股向下的概率非常大。因此，投资者应及时离场为佳。

至于乙说的该股目前仍受到 30 日均线支撑，庄家有可能在洗盘的说法是很难经得起推敲的。首先，该股 30 日均线已处于失真状态，这就不存在该股股价受到 30 日均线支撑的问题[注4]。其次，按照股市理论，当股价大幅上涨后，成交量急剧放大，此时无论收阴，

[注1] 关于"高开出逃形"的特征和技术含义，详见《股市操练大全》第一册第 132 页~第 134 页。

[注2] 关于"圆顶"的特征和技术含义，详见《股市操练大全》第一册第 247 页~第 249 页。

[注3] 关于"死亡交叉"的特征和技术含义，详见《股市操练大全》第二册第 25 页 ~第 29 页。

[注4] 该股已除过权，除权后的交易日尚不满 30 天。因此，图 184 中出现的 30 日均线，实际上把除权前的股价也包括了进去，并且忽略了除权这个因素，所以，这 30 日均线就存在失真现象。若投资者以此为依据，就会作出错误判断。

还是收阳都要引起高度警惕,更何况该股放巨量时出现的是"高开出逃形"大阴线,从以往经验来看,这十有八九是庄家在出逃。有鉴于此,我们认为,该股目前盘面中所出现的情况与通常庄家洗盘时盘面所表现出来的特征没有一点相似之处。因此,所谓的"洗盘后股价仍会往上走",这仅仅是一些具有做多情结的投资者一厢情愿而已。在该股出现了"高开出逃形"K线组合后,一轮跌势很可能已经展开了(见图185)。

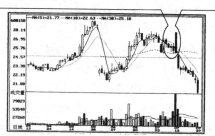

中体产业(600158)2001年4月–2001年7月的日K线走势图

图 185

习题 105　仔细观察图186～图189,回答后面的问题:(1)从走势上判断,这几只股票(基金)属于什么类型?(2)它们走势的共同特征是什么?(3)有人说,K线、均线是对付这类股票最有用的武器,你认为这种说法有无道理?为什么?

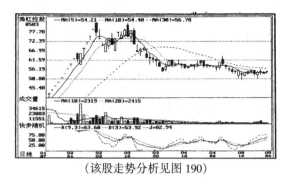

（该股走势分析见图190）

海虹控股(0503)2000年1月～2000年5月的日K线走势

图186

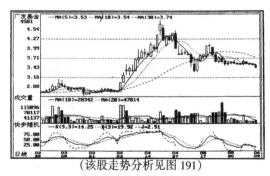

（该股走势分析见图191）

广发基金(4501)2000年2月～2000年6月日K线走势图

图187

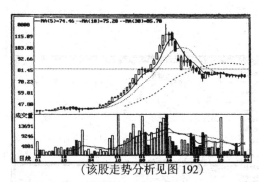

(该股走势分析见图192)

亿安科技(0008)1999年12月~2000年3月的日K线走势图

图188

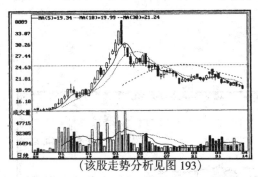

(该股走势分析见图193)

华联商城(0899)1999年12月~2000年4月的日K线走势图

图189

参考答案 （1）从这几只股票走势上分析，可以判断出它们都是强庄股，也就是说，是庄家绝对控盘的股票（基金）。

（2）强庄股的共同特征是：涨时气势汹汹，而且一口气涨完；跌时凶猛异常，而且下跌寻底遥遥无期。在分析强庄股走势时，常规的技术分析方法（如上升5浪、下跌3浪、黄金分割理论）、基本面分析方法、心理分析方法作用甚微，甚至会给投资者操作带来很大的负面作用。

（3）对付强庄股最有用的武器是 K 线、均线,这点我完全赞同。下面我们就以图 186～图 189 来说明这个道理,具体操作方法如下:

① 当其均线开始向上发散,即可跟进。胆大的,在预先设好止损位的前提下(跌破 5 日均线即止损退出),多买一些;胆小的,可以少量分批买进。

② 买进后,看着 5 日均线操作,只要股价沿着 5 日均线上升就持股不动,途中不要做差价。

③ 股价有了一定涨幅,尤其有了较大涨幅后,应密切关注日 K 线变化。当出现大阴线、长十字线、螺旋桨、吊颈线、射击之星、穿头破脚、倾盆大雨等 K 线或 K 线组合时,不能掉以轻心,要作好离场的准备。稳健型投资者可先抛掉一半筹码,激进型投资者可持股待售。

④ 第二天或第三天收盘时,无论出现什么样的 K 线,只要股价收于5日均线下方,就抛空出局,如怕"踏空",至多只能留1/3筹码。

⑤ 5 日均线向下弯头,就不要再犹豫了,全部清仓离场。

⑥ 5 日均线下穿 10 日均线,形成"死亡交叉"后,说明该股的大势已去,股价将走上不归之路。因此,前期已退出的投资者应远离该股,持股投资者要下狠心立即斩仓出局。

这里特别要注意的是:强庄股一旦走弱,何时到底,谁都不清楚,股价跌掉 60%、70% 是常有的事。例如,图 188 中的"亿安科技"从 126 元见顶回落,一年多来,股价就跌掉近 90%,至今尚未有止跌迹象。因此,对走弱的强庄股,长期看空,不抢反弹,不做差价,是投资者保住胜利果实,不做强庄股牺牲品的最佳策略。

何时可以买进这些已经被市场冷落的强庄股呢?

① 股价跌幅已接近或超过 70%;

② 股价下跌时间在一年以上;

③ 股价在低位徘徊时间超过 1 个月,成交呈现地量水平也超过了 1 个月;

④ 从某日开始成交量温和放大,换手率接近或超过 2%,持续时间在半月以上;

⑤ K 线出现小阳,均线形成多头排列;

⑥ 股价走势图上已能清晰地画出一条上升趋势线；

当被市场冷落的强庄股具备以上 6 个条件,至少 5 个条件,投资者方可重新加入,但即使如此,也应以分批买进为宜,并预先要作好停损离场准备,一旦形势有变,就应该立刻止损认赔出局。

附:图 186 ~ 图 189 走势分析:

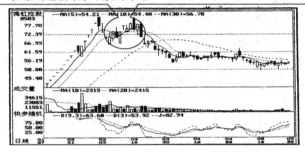

图 190

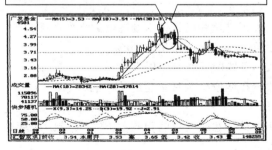

图 191

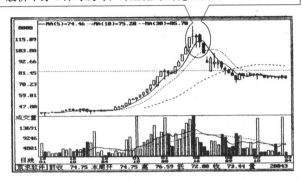

该股沿着 5 日均线上涨时，可一路做多，持股待涨，但在高位出现长十字线后，就值得警惕，稳健型投资者可先行退出，如怕"踏空"，也只能留少量筹码，日后两天，股价下穿 5 日均线时，即应把筹码抛空出局

图 192

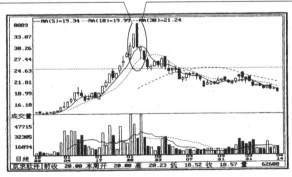

该股沿 5 日均线上涨时可看多、做多，但在高位出现"穿头破脚"大阴线后，就不能再盲目看多、做多了，尤其是股价收在 5 日均线下方，即应停损离场，否则，高位套你没商量

图 193

习题 106 在分析行业前景时，除了用行业周期性这一特点来

分析行业前景,确定我们选股策略外,还有哪两种比较实用的行业分析方法可供投资者参考使用呢?

参考答案 一是根据国家产业政策的导向来分析行业发展前景。投资者最好是要了解国家的有关产业政策,要选择国家重点扶持的行业的股票,而避开那些受国家政策限制的行业的股票。这是因为,国家从经济全局的眼光来考虑,必定会对某些产业进行扶持,给予优惠政策,其中,最关键的是优惠的税收政策和优惠的贷款。处于这些政策扶持行业的上市公司从中可以得到很大的好处,其业绩改善自然就有了保证。目前国家重点扶持的产业偏重于基础性产业,能源、交通、化工、通讯、高科技等等均是扶持对象。这些受扶持的行业往往同时也正是市场有效益的行业,投资者选股时应该偏重于这些行业的上市公司,投资回报的可靠性将大为增加。

二是关注经济发展的阶段性不平衡,以此分析行业发展前景,判断哪些行业先启动,哪些行业后启动。例如,随着中国加入世贸组织的步伐越来越快,与之相关的一些行业很有可能短期内会得到较快的发展,这样的行业包括:(1)房地产行业。外资的大量进入可能激活房地产市场,加之中国再次启动经济必然对房地产这样的基础性行业有益,因此,真正的房地产类上市公司应该在未来具有比较好的前景。(2)公用事业和外经贸行业。中国入世将使中国产品在国际和国内两个市场与外国企业竞争,竞争结果如何虽然存在不确定性,但运输、电力、外贸等行业必然受益,这样的行业中有一定竞争力的上市公司是值得关注的。(3)纺织、机电等传统行业。中国在这些行业中历来有竞争优势,是中国多年出口创汇行业,加入WTO 当然对其中佼佼者是一个福音

习题 107 稍有经济常识的人都知道,热门行业的股票缺乏长期投资价值,你能说出这是什么原因吗? 投资者如何看待热门行业的股票,在选择这类股票时应注意些什么?

参考答案 热门行业的股票没有长期投资价值,这已经被世界经济发展的历史所证实,考察一下世界经济发展史就知道在美国西欧等地,20世纪50年代的地毯业、60年代的电子业和70年代的计算机工业的股票曾经名声卓著,但好景不长,原因是热门行业中,不论是哪一种产品,生产者众多,都有数以千计的人在挖空心思地研究怎样才能降低成本,竞争异常激烈,最后必然会导致市场饱和,自相残杀,大家都无油水可捞,只有少数实力雄厚的大公司得以生存。

1999年、2000年兴起的网络狂潮,其大起大落令市场震惊不已。这是热门行业赚不了钱的又一个有力证明。在九十年代末期,美国刮起了一股网络风,一些网络如火箭升天,带动了纳斯达克指数大幅飙升,上市公司争相触网,似乎谁与网络搭上了关系,谁就上了发财致富的快车道。这股风也刮到了我们的股市。当时网络股兴起时,沪深股市中几百家公司蜂涌入网,高潮期间,每天都有三、四家上市公司宣布触网。在1999年的"5·19"井喷行情和2000年初网络高科技行情中,出现了"东方明珠"、"广电信息"、"上海梅林"、"综艺股份","海虹控股"等一批网络明星,股价炒到了令人咋舌的地步,但现在时过境迁,这些昔日的网络明星,股价已跌得面目全非,往日在高位追涨的投资者都输得惨不忍睹。

所以,热门行业的热门股,炒起来涨得极快,常常是一跃而起,大破股价纪录,但是,支撑这种股票的只不过是一种引起人狂热的空想,当狂热消退,空想如海市蜃楼破灭后,股价跌起来往往是一落千丈。短线投资,眼明手快者不妨试试自己火中取栗的本领如何,但作长线投资万万不可。

热门行业也没有长期投资价值,但不等于它没有投机价值。投资者参与这类股票活动时,要注意以下几点:

(1)这类股票只适宜做短线,而不能长期持有。

(2)当热门行业的股票炒高后,舆论一片看好时,高风险随之而来,这时应该逢高派发。

(3)选热门行业的股票,不是看其基本面,而主要是看它的技术形态,特别是其均线走势如何。只有技术形态、均线走势向好时才可买进,一旦技术形态、均线走势变坏,要坚决斩仓离场。

(4)炒作热门行业的股票,快进快出是主要操作手法。因此,上班族和稳健型投资者在加入时要特别谨慎,没有十分把握不要轻易选这些股票建仓。对热门股行情要抱有一种"宁可错过,不可做错"的心态,冷静地加以分析、观察。

习题 108 要辨别上市公司的利润来源是否正常,有何指标可作参考,投资者在使用这个指标来选股时应该注意些什么?

参考答案 要辨别上市公司利润来源是否正常,我们在阅读上市公司财务报表时,就要重点关注"主营业务"这个指标。如果这个上市公司的利润绝大部分是来源于主营业务收入,那就说明它这个利润是靠自己做出来的,而不是别人恩赐给它的。在财务报告中反映上市公司利润来源和获利能力的指标很多,但最重要的就是主营业务这个指标。作为一个普通投资者,我们不需要也不必要对财务报告的内容面面俱到。我们只要抓住财务报告的主要方面,认真分析、研究主营业务这一指标就会产生事半功倍的效果。这样说有什么根据呢?因为,凡是处在高速发展阶段的公司,除了全力投入主营业务发展之外,非主营业务是无法受到重视的。相反,那些从事多元化经营的公司通常主营业务不突出,没有拳头产品,获利能力要么不强,要么盈利来源极不稳定,甚至是一次性的业绩,在实践中既无法保证规模效益,更无法在专业分工越来越细的今天,在众多的领域保持技术、市场、人才和资金等优势。

那么,投资者如何来判断上市公司的主业经营状况呢?中小散户在根据主营业务选股时需要注意哪些问题?

(1)既要关心上市公司主营业务收入的增加和减少,更要关心主营业务利润的增加和减少。主营业务收入增加,不等于主营经营情况好。只有主营业务收入、主营业务利润和净利润同步增长,才能说明主营取得了成功。主营的强弱、主营业务利润和净利润的多寡,直接决定公司业绩的优劣,因而要作科学地分析。其中有两个指标最重要:①主营利润率,该指标反映的是上市公司主营获利能力的高低。②主营利润占利润总额的比率,主营利润比率越高,说明公司业绩可靠性越大、稳定性越强,反之,则相对较差。

(2) 要注意上市公司专业化的程度。历史经验证明,只有走专业化的道路,才能使主业越来越兴旺。我国经济目前正处于市场经济初级阶段,上市公司应立足于主营业务,走专业化道路,才能在激烈的市场竞争中生存和发展。只有把主营业务做精、做深,才能降低生产成本,提高市场占有率,取得规模效益,才能使公司业绩稳步增长。

(3) 主营业务一直保持较高增长率的公司最值得关注。主营业务保持较高增长率的上市公司大多是一些新兴行业和国家重点扶持行业的上市公司。这些上市公司置身于高速发展的朝阳行业中,它们在产品开发、生产规模、技术水平和服务方面又具有超过同行业一般企业的实力,因而能够多年维持超高速的发展。这些股票只要没有经过恶炒就具有较高的投资价值。稳健型投资者可在这些股票处于相对低位时积极吸纳,长期持有。

习题 109 按照世界股市上流行的观点:市盈率 20 倍以下的个股才值得投资。市盈率低于 15 倍的股票才符合"国际标准安全线",方可购买。当然以上这些讲法不能算错。但人们发现在我们的股市交易中,市场上并没有多少人按照这一原则行事(其实,即使在西方成熟的股市中,投资者也未必按此原则在买卖股票)。相反,有时市盈率高的股票却有人抢着要,市盈率低的股票反而无人问津。这其中固然有些是市场过度投机因素所致,但同时我们也不能否认这里面也有相当多的合理成分。因此,这就给我们提出了一个课题,即如何来辩证地看待市盈率呢?

参考答案 首先,我们应该承认,无论从哪方面看,市盈率都是衡量股票投资价值的一个非常重要的指标。如果行业、地域环境、政策倾斜、股本结构、流通盘大小等条件基本相同,那么我们选股时首先就要选择市盈率低的股票。股票市盈率越低,投资价值越大,持股的风险也就越小(注意这句话是有前提的,离开前面的条件,孤零零地说这句话就是错误的)。

但是,同时我们又看到市盈率是一个静态的指标,它只能反映过去的情况。此外,市盈率还是一个短期的指标,它只是反映了上一年的经营情况,而不是从一个长期的过程去看问题。而未来的公司利润是可变的,影响公司盈利的因素不胜枚举,大如国内外政治状况、经济周期、产业政策,小如公司经营管理能力、相关企业生产经营情况,甚至公司人事变动等,都有可能影响公司的盈利水平。再加上市场经济条件下,公司生产经营因素的不确定性导致生产经营成果的不确定性,给盈利预测带来了巨大困难,造成税后利润增长预测的不确定性。因此从这点来说,我们买股票,就不能完全依照市盈率来决定。有时市盈率高的股票反而比市盈率低的股票更有投资价值。如甲、乙两位投资者在某一天分别以 10 元和 20 元同时买进市盈率分别为 40 倍和 80 倍的两个股票。5 年之后,注重市盈率高低的甲投资者,将会发现该股虽以每年盈利递增 5% 的速度发展,但当它的市盈率为 20 倍时,其股价将跌至 6.38 元。可与之相反的是,注重公司盈利能力的乙投资者,最终将会因公司以每年盈利递增 50% 的高速发展而获得丰厚回报,当股价的市盈率同样降至 20 倍时,股价却升至 37.97 元,甲、乙两人的投资策略,孰优孰劣,不言自明。

可见,脱离公司的获利能力和股本扩张能力,孤立地谈论市盈率的高低,这对投资者选股是没有多大参考价值的。正确的态度应当是用辩证的、动态的观点来看待市盈率,并结合其他指标进行全面、综合的分析、判断,这样才能选好股,把握好投资机会。

习题 110 "成长是金"是一条十分重要的投资理念,特别是在新兴的股市上,能够跑赢大势的黑马往往在成长股中出现。请问:投资者应从哪几个方面来判断一个股票是不是高成长股?

参考答案 一般来说,高成长股有如下几个特征:

(1) 主营业务蒸蒸日上。成长性公司的主营业务一般都非常突出,因为成长性公司已把主要精力放在发展自己熟悉的行业上了。主营业务在公司产业结构中占主导地位,主营业务利润占利润总额的80%以上,成长性公司通过主营业务的高速增长获得规模效益,而无需跨行业经营,以免顾此失彼。反之,处于亏损边缘的企业,投资过于多元化、缺乏主营的上市公司,都不能称之为成长性公司。

(2) 净利润增加幅度保持在一个较高水平,每年净利润增加幅度不低于30%。为什么要作这个规定呢?因为,一个上市公司是不是处在高速成长期,归根结底要看其每年净利润是不是在大幅度增加。有的上市公司主营业务搞得很好,但主营业务利润很低,净利润增加很慢,这样的股票就不能称之为高成长股,至多称它为是一个普通的绩优股。有的上市公司业务搞得很好,主营业务利润甚或利润总额提高得都很快,但其管理不善,财务费用大量增加,因而,净利润增加不明显,这样的股票也不能称之为高成长股。

(3) 主要产品的销售在市场上具有很大影响。当一个公司通过主要产品的销售能够吸引消费者的偏好以后,市场占有率将会迅速扩大,这个公司将随之繁荣起来,其股票也会被投资者看好。

(4) 具有行业发展的优势。公司所处的行业不能是夕阳行业,如纺织行业、钢铁行业,也不能是过度竞争的行业,如零售商业、家电业。公司的产品有广阔的市场潜力,公司的发展能得到政策的大力支持。另外,上市公司所经营的行业不容易受经济周期的影响,即不但在经济增长的大环境中能保持较高的增长率,而且也不会因为宏观经济衰退而轻易遭淘汰。

(5) 新产品的开发、研究和技术投入,具有美好灿烂的市场发展前景。虽然目前产品利润不高,甚至出现亏损,但由于发展前景可观而有可能带来增长性很高的潜在利润。这样的上市公司就值得重点关注(这一条对发现高成长股十分重要,因为利润成长性比高利润的现实性更为重要,动态市盈率的持续预期降低比静态的低市盈率更为吸引人)。

(6)公司的股本结构应具有流通盘小、总股本尚不太大的特征。由于股本小,扩张的需求强烈,适宜大比例地送配股,也使股价走高后因送配而除权,在除权后能填权并为下一次送配做准备。如此周而复始,股价看似不高,却已经翻了数倍。中国股市的投资者和世界上的新兴股市的投资者一样,非常喜欢送红股的股票,因为它有一个除权效应。这也符合成长性股票资产、利润和股本的三重扩张原则,如果利润增加,每年只是现金分红,股本没有增加,这样的股票在二级市场上也不会有什么好的表现。

当然,话得说回来,作为一个高成长股要同时具备上面的特征,事实上是很难做到的,因此,我们对高成长股不能采取求全责备的态度,发现和选择它时既要有原则性,也要有灵活性,如果一个股票与上面所述特征有50%的地方相符合,就可以考虑把它作为候选对象,符合的特征越多,就越要加以重点关注。

第四单元　股市游艺会

导　语

做过教师的人都知道，教学内容定下来后，采取什么样的教学方式就非常重要了。就教学效果来说，最佳学习方法是在轻松、愉快的环境中学习。因而，寓教于乐成为近几年来非常流行的一种教学方法。譬如，用情景对话方式学英语比用死记硬背方式学英语强得多。

本单元的习题设计就是采用一种娱乐化方式，让投资者通过猜谜、剪辑、辨认、抢答、改错、移位等游戏活动来获得有关股市操作方面的知识。它强调的不是知识系统性和连贯性，而突出的是对某一知识的印象，即通过寓教于乐的形式在学习者脑海里打上一个深刻印记，使人学了之后不易遗忘。当然，寓教于乐目前仅仅是一种辅助教学形式，它尚不能取代传统的教学形式，因此，读者还必须把主要精力放在正规的理论学习上。但也不能否认，毕竟这种娱乐化的学习形式，在激发人们学习科技知识，尤其是在激发投资者学习枯燥的股市知识和股市操作理论的兴趣方面，起到了十分重要的作用，这是其他教学形式所不能与之相比的。

一、猜　谜

1、不鸣则已，一鸣惊人。（打一技术图形）

2、一举推翻三座大山。（打一均线图形）

3、星星之火，可以燎原。（打一K线图形）

4、一把直尺闯天下。（打一技术指标）

5、乌云压城城欲摧。（打一均线图形）

6、再次走出谷底。（打一均线图形）

7、搭肩而上。（打一技术图形）

8、钝刀子割肉。（打一K线图形）

9、矫枉必须过正。（打一技术指标）

10、螺丝壳里做道场。（打一技术图形）

11、肉包子打狗。（打一均线图形）

12、瀑布。（打一均线图形）

13、飞机坠落。（打一均线图形）

14、十月怀胎。（打一K线图形）

15、包公堂上三把铡刀：龙头铡、虎头铡、狗头铡。（打一均线图形）

16、冰海沉船。（打一K线图形）

17、一山更比一山高。（打一均线图形）

18、见红山买进，见绿谷卖出。（打一技术指标）

19、吹喇叭。（打一技术图形）

20、两个强盗劫持一个男孩。（打一K线图形）

21、陨石坑。（打一技术图形）

22、腾云驾雾。（打一均线图形）

23、大堤决口。（打一技术图形）

24、撑高跳。（打一K线图形）

25、火山喷发。（打一均线图形）

26、扛着红旗上井岗。（打一技术图形）

27、三个红小鬼爬山坡。（打一K线图形）

28、滑滑梯。（打一均线图形）

29、蛇吞青蛙。（打一K线图形）

30、金鸡独立。（打一技术图形）

31、终点冲刺。（打一均线图形）

~~~~~~

一、参考答案

1、潜伏底(关于"潜伏底"的特征,详见《股市操练大全》第一册第285页～第287页)

2、蛟龙出海(关于"蛟龙出海"的特征,详见《股市操练大全》第二册第94页～第97页)

3、早晨之星(关于"早晨之星"的特征,详见《股市操练大全》第一册第62页～第64页)

4、趋势线(关于"趋势线"的特征,详见《股市操练大全》第二册第226页、第227页)

5、乌云密布形(关于"乌云密布"形的特征,详见《股市操练大全》第二册第92页～第94页)

6、金山谷(关于"金山谷"的特征,详见《股市操练大全》第二册第29页～第33页)

7、头肩底(关于"头肩底"的特征,详见《股市操练大全》第一册第236页～第238页)

8、绵绵阴跌形(关于"绵绵阴跌形"的特征,详见《股市操练大全》第一册第93页、第94页)

9、乖离率(关于"乖离率"的特征,详见《股市操练大全》第二册第378页～第382页)

10、收敛三角形(关于"收敛三角形"的特征,详见《股市操练大全》第一册第259页、第260页)

11、死亡谷(关于"死亡谷"的特征,详见《股市操练大全》第二册第33页～第36页)

12、粘合向下发散形(关于"粘合向下发散形"的特征,详见《股市操练大全》第二册第36页～第41页,第52页～第54页)

13、均线加速下跌形(关于"均线加速下跌形"的特征,详见《股市操练大全》第二册第75页～第80页)

14、身怀六甲(关于"身怀六甲"的特征,详见《股市操练大全》第一册

第 67 页 ~ 第 70 页）

15、断头铡刀（关于"断头铡刀"的特征，详见《股市操练大全》第二册第 97 页 ~ 第 99 页）

16、塔形顶（关于"塔形顶"的特征，详见《股市操练大全》第一册第 82 页 ~ 第 84 页）

17、逐浪上升形（关于"逐浪上升形"的特征，详见《股市操练大全》第二册第 66 页 ~ 第 70 页）

18、指数平滑异同移动平均线（关于"指数平滑异同移动平均线"的特征，详见《股市操练大全》第二册第 348 页 ~ 第 353 页）

19、扩散三角形（关于"扩散三角形"的特征，详见《股市操练大全》第一册第 256 页 ~ 第 259 页）

20、两黑夹一红（关于"两黑夹一红"的特征，详见《股市操练大全》第一册第 115 页 ~ 第 117 页）

21、圆底（关于"圆底"的特征，详见《股市操练大全》第一册第 246 页、第 247 页）

22、烘云托月形（关于"烘云托月形"的特征，详见《股市操练大全》第二册第 90 页 ~ 第 92 页）

23、向下突破缺口（关于"向下突破缺口"的特征，详见《股市操练大全》第一册第 277 ~ 第 279 页）

24、下探上涨形（关于"下探上涨形"的特征，详见《股市操练大全》第二册第 134 页、第 135 页）

25、快速上涨形（关于"快速上涨形"的特征，详见《股市操练大全》第二册第 80 页 ~ 第 85 页）

26、上升旗形（关于"上升旗形"的特征，详见《股市操练大全》第一册第 266 页 ~ 第 268 页）

27、红三兵（关于"红三兵"的特征，详见《股市操练大全》第一册第 84 页、第 85 页）

28、下山滑坡形（关于"下山滑坡形"的特征，详见《股市操练大全》第二册第 63 页 ~ 第 66 页）

29、穿头破脚（关于"穿头破脚"的特征，详见《股市操练大全》第一册

第 70 页 ~ 第 72 页)

30、V 形底(关于"V 形底"的特征,详见《股市操练大全》第一册第
271 页 ~ 第 273 页)

31、均线加速上涨形(关于"均线加速上涨形"的特征,详见《股市操
练大全》第二册第 73 页 ~ 第 75 页)

二、 剪　辑

1、将下面两张图用剪刀分成 4 个不同的技术图形(只准剪一
刀),并说出它们的名称。

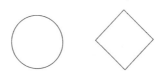

2、将下面 2 根 K 线分成 4 根不同的 K 线。

3、将下面 2 根直线拼成 10 种不同的技术图形,并分别说出它
们的名称。

———————————

———————————

二、参考答案

1、有两种剪法：

(1) 将 2 张图叠在一起,竖着剪即会出现以下 4 种技术图形：

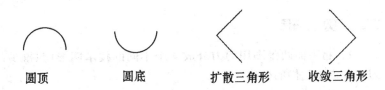

| 圆顶 | 圆底 | 扩散三角形 | 收敛三角形 |

(2) 将 2 张叠在一起横着剪,就会出现以下 4 种技术图形：

圆顶　　　　　　圆底　　　　　倒置V形　　　　　　V形

2、

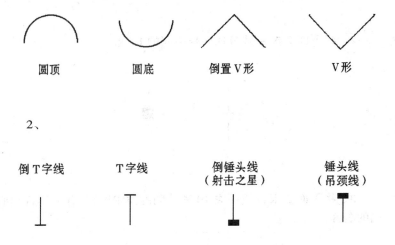

倒 T 字线　　　　T 字线　　　倒锤头线　　　　锤头线
　　　　　　　　　　　　　（射击之星）　　（吊颈线）

3、2根直线可拼成如下几种技术图形：

（1）矩形　（2）潜伏底（3）下降旗形　（4）上升旗形（5）收敛三角形

(6)扩散三角形　(7)上升三角形　(8)下降三角形　(9) V 形　　(10) 倒置 V 形

三、　辨　认

1、下面头像由哪几根 K 线组成，请把它们辨别出来，并说出各自的名称。

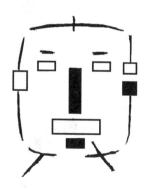

2、下面的 K 线组合，可以分成两类：一类为顶部形态，是卖出信号；一类为底部形态，是买进信号。现在请你将它们分一下类，并说出它们各自的名称。

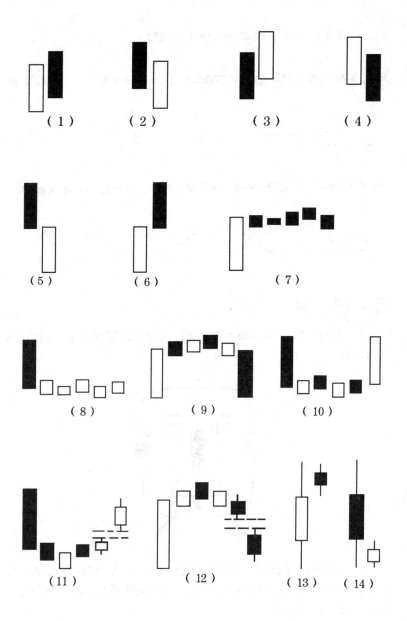

(1)　　　　(2)　　　　(3)　　　　(4)

(5)　　　　(6)　　　　(7)

(8)　　　　(9)　　　　(10)

(11)　　　　(12)　　　　(13)　(14)

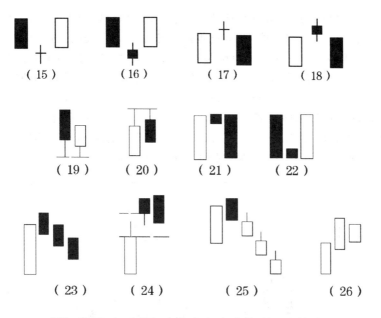

（15）　　　（16）　　　（17）　　　（18）

（19）　　　（20）　　　（21）　　　（22）

（23）　　　（24）　　　（25）　　　（26）

3、仔细看下面2幅图,它们和股市中的哪两个技术图形相似?

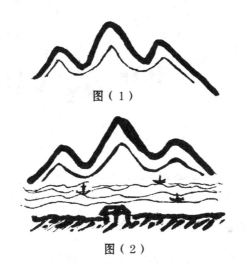

图（1）

图（2）

4、俗话说,会买进是徒弟,会卖出是师傅。以前大盘暴跌,老王都没有逃掉,损失惨重,对此他后悔不已。为了提高自己对顶部的识别能力,前一段时间他玩起了拼图游戏,尽管他拼出来的图很差劲,无人欣赏,但他自己却乐此不彼。今年大盘暴跌,同室的股友都深套其中,而老王似有神人相助,领先一步逃掉了,成了大赢家。股友向他讨教逃顶经验,老王眉开眼笑地说:"你们把我这幅'雨中山景'图看懂,我就把逃顶的秘密告诉你们"。请问:你能识别出老王的"雨中山景"图,是用哪些技术信号拼凑而成的吗?

雨中山景

MACD
DIF

三、参考答案

1、该图像由 13 根 K 线组成,它们分别是:

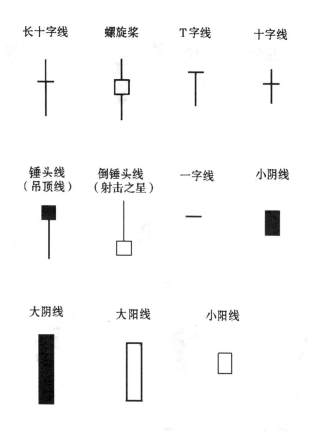

长十字线　　螺旋桨　　T字线　　十字线

锤头线　　倒锤头线　　一字线　　小阴线
（吊顶线）　（射击之星）

大阴线　　大阳线　　小阳线

2、属于顶部形态的 K 线组合有：

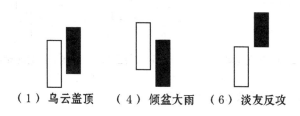

（1）乌云盖顶　　（4）倾盆大雨　　（6）淡友反攻

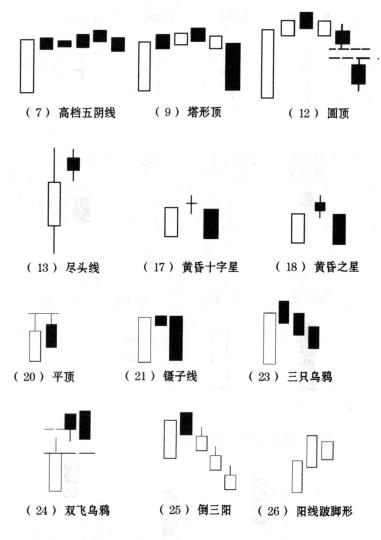

（7）高档五阴线　　　（9）塔形顶　　　　　（12）圆顶

（13）尽头线　　　（17）黄昏十字星　　　（18）黄昏之星

（20）平顶　　　　（21）镊子线　　　　（23）三只乌鸦

（24）双飞乌鸦　　　（25）倒三阳　　　（26）阳线跛脚形

属于底部形态的 K 线组合有：

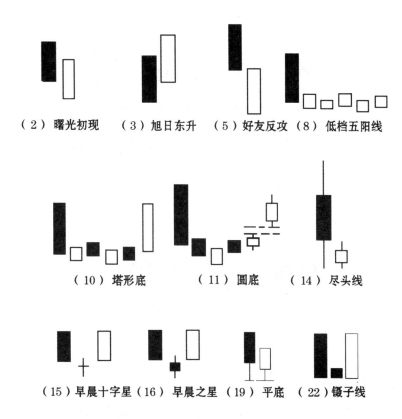

（2）曙光初现　（3）旭日东升　（5）好友反攻　（8）低档五阳线

（10）塔形底　　　（11）圆底　　　（14）尽头线

（15）早晨十字星（16）早晨之星（19）平底　（22）镊子线

3、图(1)和股市中的"头肩顶"技术图形相似;图(2)和股市中的"岛形反转"技术图形相似。

4、老王的"雨中山景"图是用下列技术信号拼凑而成的:

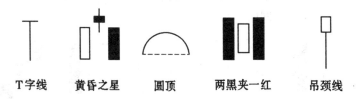

T字线　　黄昏之星　　圆顶　　两黑夹一红　　吊颈线

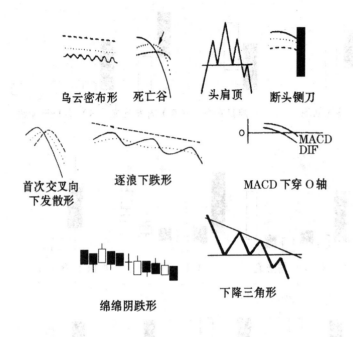

乌云密布形　　死亡谷　　　头肩顶　　　断头铡刀

首次交叉向
下发散形　　　逐浪下跌形　　　　MACD下穿O轴

绵绵阴跌形　　　　　下降三角形

四、抢答(每题回答时间限定2分钟)

1、有人说,阳线表示股价在涨,阴线表示股价在跌,你认为这种说法对不对?为什么?

2、按照K线理论,下列K线图形只要放在不同地方,表达的意思就完全不同。现在请你说出这几种K线名称,并说明在什么情况下会产生截然不同的含义。

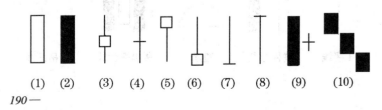

(1)　(2)　(3)　(4)　(5)　(6)　(7)　(8)　(9)　(10)

3、我们将下面的 K 线形态分成 4 组,每一组 K 线形态的性质、名称都是一样的,但它们之间的信号强弱有较大差异。现在请你说出各组 K 线形态的名称,另按其信号强弱的次序,依次将它们排成队(由强到弱),并简要说明其中理由。

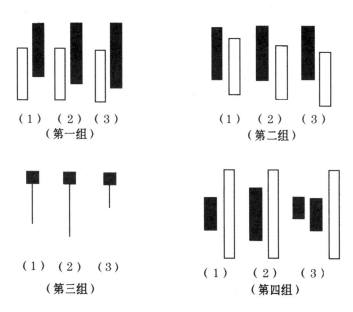

（1）（2）（3）
（第一组）

（1）（2）（3）
（第二组）

（1）（2）（3）
（第三组）

（1）（2）（3）
（第四组）

4、当大盘处于上升趋势时,投资者应买进正处于上升趋势中,还是下降趋势中的股票? 为什么?

5、当大盘处于下降趋势时,稳健型投资者是否可以买进正处于上升趋势中的股票? 为什么?

6、在股市中领先一步是正确的,而领先二、三步往往会适得其反。现在请你以股价突破趋势线为例说明这个道理。

7、君子不立危墙之下,因为危墙随时会倒下,把人压伤、压垮。

股市中也有这种危墙。请问:当均线处于什么状态时就是一座危墙,此时,投资者可以买进股票吗?

8、在二十世纪六十年代,美国投资专家格兰维尔提出的移动平均线八大买卖法则,对日后世界各国投资者买卖股票,把握胜机起到了巨大作用。现在请你用图把格兰维尔八大法则描绘出来。

9、按照唯物辩证法的观点,任何事物都是主要矛盾在起主导作用,股市中的技术分析也不例外。请问:投资者只要抓住了什么技术指标,把它的技术特征、操作技巧彻底弄清楚,也就抓住了股市技术分析中的主要矛盾?

10、技术指标掌握不在于多,而在于精,一般而言,普通投资者在股票操作时所用的技术指标不宜超过多少个?

11、什么是内盘?什么是外盘?一般而言,内盘大于外盘反映了什么问题?

12、只要是领涨股,不管在什么时侯,投资者都可以买进吗?为什么?

13、股市中没有绝对的牛股和熊股,一切都是相对的,它们在一定条件下会互相转化。你说对吗?为什么?

14、要想获得选股成功,就得综合各种因素进行反复比较,好中选好,优中选优。这是为什么呢?

15、为什么投资者要抛掉正在领跌的股票,而去买正在领涨的股票?这样操作,投资者不是明显吃亏了吗?

四、参考答案

1、不对。阳线仅表示收盘价高于开盘价,阴线仅表示收盘价低于开盘价。

2、10种K线图形依次分别为:(1)大阳线、(2)大阴线、(3)螺旋桨、(4)长十字线、(5)锤头线(吊颈线)、(6)倒锤头线(射击之星)、(7)倒T字线、(8)T字线、(9)身怀六甲、(10)下跌三连阴。一般来说,它们在下列情况下,会产生截然不同的含义:在连续下跌行情中,尤其是大幅下跌后出现,发出的是止跌信号,可作为买进的重要参考依据;在连续上涨行情中,尤其是大幅上扬后出现,发出的是见顶信号,可作为卖出的重要参考依据。

3、第一组K线组合叫乌云盖顶;第二组K线组合叫曙光初现;第三组K线在底部出现叫锤头线,在顶部出现叫吊顶线;第四组K线组合叫穿头破脚。

第一组乌云盖顶由强到弱的次序是:(3)、(2)、(1)。理由:阴线实体深入阳线实体部分越多,信号就越强。

第二组曙光初现由强到弱的次序是:(1)、(2)、(3)。理由:阳线实体深入阴线实体部分越多,信号就越强。

第三组锤头线(吊顶线)由强到弱的次序是:(2)、(1)、(3)。理由:下影线越长,信号就越强。

第四组穿头破脚由强到弱的次序是:(3)、(1)、(2)。理由:阳线包容前面的K线越多,转势力度就越大;阳线与阴线比例越悬殊,信号就越强。

4、当大盘处于上升趋势时,投资者应买进上升趋势中的个股,而不应该买进处于下降趋势中的个股,因为齐涨共跌的时代已经过去。如果你买进下降趋势中的个股,那么很可能买的就是牛市中的熊股。这样操作非但不能享受到大势上升带来的好处,还可能成为

"赚了指数赔了钱"的套牢族。

5、一般不宜买进，因为大盘正处于弱势状态。在大盘整体处于弱势时，逆市上扬的个股随时有可能遭到夭折，而且，一旦补跌起来，下跌幅度就很大。因此，作为稳健型投资者应该遵循安全第一的操作原则，在大盘处于弱势时，对逆市上扬的个股保持谨慎观望态度为好。

6、现代市场经济讲的就是快节奏，要想成为商战中的赢家，领先一步是必不可少的，对股市而言尤其如此。但任何真理都是相对的，真理向前跨进一步就会变成谬误。譬如，在股市中你领先一步是个赢家，领先二、三步就可能是个输家。别的不说，就拿趋势线突破这个问题来说，股价（指数）一突破趋势线，你就立即动作，这种作法蕴含着很大的风险。因为，股价（指数）突破趋势线有真突破和假突破之分。如果假突破，那你又怎么办呢？可见，这种抢在别人前面，超前二、三步的作法很可能就会落入主力设置的多头陷阱或空头陷阱之中。为了预防股市中这类不幸事情的发生，我们在股价（指数）突破趋势线这个问题上，只可领先一步，即在市场中大多数人还未醒来之时，跟着主力做多或做空，而不可领先二、三步，抢在主力前面做多或做空。那么，又如何判断主力是在做多，还是在做空呢？趋势线是否有效突破就是反映主力投资行为的一个重要标志。上升趋势线被有效突破，常常是一轮跌势的开始，说明主力在做空，此时，你跟着主力做空就是了。如下降趋势线被有效突破，此时你就应该跟着主力一起守仓。在这之后，如果形成一条上升趋势线，说明主力在做多，你就跟着主力做多。这样领先一步，而不是领先二、三步的操作方法就能踏准市场节拍。故而，投资者能不能在趋势线被有效突破后作顺势操作，是关系到投资成败的一个原则问题，在这个问题上千万马虎不得。

7、均线空头排列是股市中的一座危墙。因此，当大盘或个股均线处于空头排列时,投资者就不能轻易买进股票。

8、格兰维尔移动平均线八大买卖法则示意图如下:

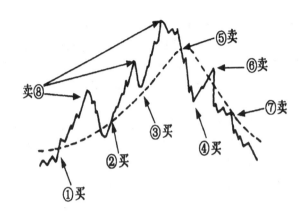

9、移动平均线

10、一般不宜超过 10 个

11、以买入的报价成交叫内盘,俗称主动性抛盘。以卖出的报价成交叫外盘,俗称主动性买盘。当外盘累计数量比内盘累计数量大很多,而股价上涨时,表示很多人在抢着买进股票。当内盘累计数量比外盘累计数量大很多,而股价下跌时,表示很多人在争先恐后地卖出股票。
　　如果内盘累计数量大大高于外盘累计数量。这说明当日该股主动性抛盘远大于主动性买盘,形势对空方有利。

12、投资者不可以随意买进。一旦领涨股经过大幅上涨后进入涨势末期,就很容易把盲目买进的投资者套牢。

13、对。因为,事物在一定条件下会互相转化,牛股牛到最后会走向反面,转变成为熊股,熊股熊到最后也会走向反面,转变成为牛股,正可谓物极必反,否及泰来。

14、世上没有十全十美的事物,股票也不例外。譬如,甲、乙两个股票属于同一行业,或许甲股票的业绩没有乙股票的业绩好,但甲股票的盘子要远远小于乙股票的盘子,那么,甲股票的股性说不定比乙股票的股性活跃得多,更受投资者青睐。

15、领跌的股票会让越来越多的投资者失去信心,亏损扩大,而领涨的股票会让越来越多的投资者增强信心,收益增加。所以,投资者如此操作,看似明显吃亏,实际上并不吃亏,不仅可以制止亏损,而且有望把损失夺回来,甚至出现盈利局面。

五、改 错

1、下面均线"空头排列"示意图画错了。请问,错在哪里?

2、下面图中的颈线位置不对,请你把它改过来。

3、下面这幅图中,新的下降趋势线画错了,请你重新画一条正确的下降趋势线。

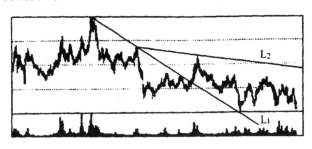

五、参考答案

1、均线"空头排列"示意图的正确画法是:

2、颈线正确画法如下:

3、新的下降趋势线正确画法见下图：

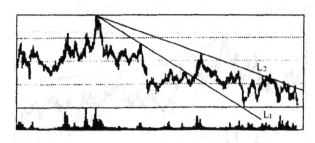

六、填写反义词

1、试写出各组对立 K 线(K 线组合)的名称：

(1) 大阳线(　　　　　　　)　　　(2) 倒锤头线(　　　　　　　)

(3) 早晨十字星(　　　　　　　)　　(4) 乌云盖顶(　　　　　　　)

(5) 空方尖兵(　　　　　　　)　　　(6) 好友反攻(　　　　　　　)

(7) 塔形顶(　　　　　　　)　　　　(8) 平顶(　　　　　　　)

(9) 红三兵(　　　　　　　)　　　　(10) 下降抵抗形(　　　　　　　)

2、试写出各组对立均线形态名称

(1) 多头排列(　　　　　　　)　　　(2) 黄金交叉(　　　　　　　)

(3) 金山谷(　　　　　　　)　　　　(4) 上山爬坡形(　　　　　　　)

(5) 加速上涨形(　　　　　　　)　　(6) 逐浪上升形(　　　　　　　)

(7) 快速上涨形(　　　　　　　)　　(8) 烘云托月形(　　　　　　　)

(9) 蛟龙出海(　　　　　　　)　　　(10) 首次粘合向上发散形(　　　　　　　)

六、参考答案

1、(1) 大阴线　　　(2) 射击之星　　　(3) 黄昏十字星

(4) 曙光初现　　(5) 多方尖兵　　(6) 淡友反攻

(7) 塔形底　　　(8) 平底　　　(9) 黑三兵

(10) 上升抵抗形

2、(1) 空头排列　　　（2）死亡交叉　　　（3）死亡谷

　　（4）下山滑坡形　　（5）加速下跌形　　（6）逐浪下降形

　　（7）快速下跌形　　（8）乌云密布形　　（9）断头铡刀

　　（10）首次粘合向下发散形

七、移　位

1、下面有 2 根阴阳不同,实体相等的 K 线,请你把它们位置移动后,组成 8 组不同的 K 线组合。

2、将下面的十字线移位,组成另一组见顶信号的 K 线组合。

七、参考答案

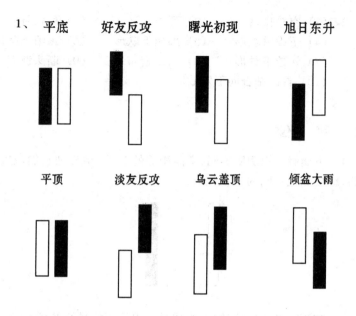

1、　平底　　　好友反攻　　　曙光初现　　　旭日东升

平顶　　　淡友反攻　　　乌云盖顶　　　倾盆大雨

2、如将十字线移到前面一根 K 线的上影线部位,就构成了"尽头线"K 线组合的顶部形态。

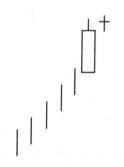

八、判断(每题回答限时半分钟)

下面各个小题中都有两句话,其中有一句是正确的。请在正确的话后面打上"√"。

第一题

（1）股价在连续大幅上升后，拉出一根大阳线，成交量急剧放大，这是买进信号。（　　　）

（2）股价在连续大幅上升后，拉出一根大阳线，成交量急剧放大，这是卖出信号。（　　　）

第二题

（1）射击之星上影线与K线实体比例越悬殊，信号就越有参考价值。（　　　）

（2）射击之星上影线与K线实体比例越小，信号就越有参考价值。（　　　）

第三题

（1）在下跌趋势中，尤其是在股价大幅下跌后出现连续跳空三阴线，是继续下跌信号。（　　　）

（2）在下跌趋势中，尤其是在股价大幅下跌后出现连续跳空三阴线，是见底信号。（　　　）

第四题

（1）穿头破脚包容前面的K线越多，则转势信号越强。（　　　）

（2）穿头破脚包容前面的K线越少，则转势信号越强。（　　　）

第五题

（1）一般来说，头肩顶形成时，头部的成交量要比左肩少，右肩成交量又要比左肩和头部少。（　　　）

（2）一般来说，头肩顶形成时，头部的成交量要比左肩多，右肩成交量又要比左肩和头部多。（　　　）

第六题

（1）在技术图形理论上常提到有效突破这个概念，往上有效突

破是指股价连续 5 天收在颈线上方 10%以上处,往下有效突破是指股价连续 5 天收在颈线下方 10%以下处。( )

(2) 在技术图形理论上常提到有效突破这个概念,往上有效突破是指股价连续 3 天在颈线上方 3%以上处,往下有效突破是指股价连续 3 天收在颈线下方 3%以下处。( )

第七题

(1) 通常,上升三角形越早突破,则后劲越足,那些迟迟不能突破的三角形可能是庄家出货造成的陷阱。( )

(2) 通常,上升三角形越晚突破,则后颈越足,那些过早地突破的三角形可能是庄家出货造成的陷阱。( )

第八题

(1) 圆底历时较长,过早的买入会将资金压死。因此,必须等连续几天出现小阳线,而成交量同步温和放大时买进( )

(2) 圆底历时较长,过早的买入会将资金压死。因此,必须等连续几天出现小阳线,而成交量不断减少时买进。( )

第九题

(1) 在强势市场,股指下跌一般不会跌破 5 日均线,更不会跌破 10 日均线,若跌破 5 日均线,尤其是跌破 10 日均线,当心市道转弱。

(2) 在强势市场,股指下跌一般不会跌破 20 日均线,更不会跌破 40 日均线,若跌破 20 日均线,尤其是跌破 40 日均线,当心市道转弱。

第十题

(1) 移动平均线、黄金交叉与死亡交叉对研判行情的演变有重要参考价值,但当股价连续上涨或下跌时,信号会产生失真现象。

(2) 移动平均线、黄金交叉与死亡交叉对研判行情的演变有重要参考价值,但当股价处于盘整时,信号会产生失真现象。

第十一题

（1）断头铡刀是指1根大阴线一连吞吃了5日、10日、30日3根均线，它是行情转弱的一个重要信号。（　　）

（2）断头铡刀是指1根大阳线一连吞吃了5日、10日、30日3根均线，它是行情转弱的一个重要信号。（　　）

第十二题

（1）所谓上升趋势线，就是将最先形成的两个高点或最具有代表意义的两个高点联结而成的一条向上的斜线。（　　）

（2）所谓上升趋势线，就是将最先形成的两个低点或最具有代表意义的两个低点联结而成的一条向上的斜线。（　　）

第十三题

（1）在多头市场中，股指回档至长期上升趋势线附近，即可买进。在多头市场中长期上升趋势线对股价有重要支撑作用，一般不会轻易击穿。（　　）

（2）在空头市场中，股指反弹至长期下降趋势线附近，即可买进。在空头市场中长期下降趋势线对股价有重要支撑作用，一般不会轻易击穿。（　　）

第十四题

（1）太平的趋势线很容易被一个短期的横向整理（盘整）形态所突破，因而其技术参考意义不大。

（2）太陡的趋势线很容易被一个短期的横向整理（盘整）形态所突破，因而其技术参考意义不大。

第十五题

（1）如果股价在上升趋势线的上方运行，那么投资者可分批买进做多；如果上升趋势线被有效突破，那么投资者应及时退出观望。

（2）如果股价在上升趋势的上方运行,那么投资者应及时退出观望;如果上升趋势线被有效突破,那么投资者应立即买进做多。

八、参考答案

第一题(2),第二题(1),第三题(2),第四题(1),第五题(1),第六题(2),第七题(1),第八题(1),第九题(1),第十题(2),第十一题(1),第十二题(2),第十三题(1),第十四题(2),第十五题(1)

《股市操练大全》丛书特色简介

　　《股市操练大全》丛书是上海三联书店出版的重点品牌书。它全面系统、易学易用，是国内图书市场中首次将股市基本分析、技术分析、心理分析融为一体，并兼有学习、练习双重用途的炒股实战工具书。作为学习，它全面地、详尽地介绍了炒股的各种知识、运用技巧，以及防范风险的各种方法；作为练习，它从实战出发，设计了一套有针对性，并具有指导性、启发性的训练题，引领投资者走上赢家之路。

　　《股市操练大全》无论从风格与内容上都与其他股票书有很大的不同。因此，大凡阅读过此书的读者都有耳目一新之感。很多读者来信、来电称赞它通俗、实用、贴近实战。有的读者甚至说：他们看了几十本股票书都不管用，但自从看了《股市操练大全》就被迷上了，天天在读，天天在练，现在已经反败为胜了。他们认为，《股市操练大全》是目前图书市场上最有实用价值的股票书。其实，有这样感受的读者不是少数，而是相当多，这可以从全国各地读者寄给出版社的大量来信中得到证明。

　　也许正因为如此，沪深股市连连走熊时，证券图书市场也进入了"冬眠"状态，但《股市操练大全》却一版再版，各册累计重印次数已超过了200次，总发行量超过了270万册（注：国内一般的股票书发行只有几千册，多的也只有几万册，发行量超过10万册的已属凤毛麟角。目前，《股市操练大全》发行量已远远超过了其他股票书），创造了熊市中股票书旺销的奇迹。

　　迄今为止，《股市操练大全》丛书一共出版了两大系列11册书，其中基础知识系列5册，实战指导系列6册（含1册习题集）。每册书都介绍了一个专题（专题内容详见下页），它是一套完整的炒股学习、训练工具书。另外，《股市操练大全》的每册书（除习题集）都是精装。装帧精美，这也是这套书的一个亮点。

《股市操练大全》丛书一览

基础知识系列

《股市操练大全》第一册

——K线、技术图形的识别和练习专辑　　　定价29.80元

《股市操练大全》第二册

——主要技术指标的识别和运用练习专辑　　定价32.80元

《股市操练大全》第三册

——寻找最佳投资机会与选股练习专辑　　　定价28.00元

《股市操练大全》第四册

——股市操作特别提醒专辑　　　　　　　　定价30.00元

《股市操练大全》第五册

——股市操作疑难问题解答专辑　　　　　　定价35.00元

实战指导系列

《股市操练大全》第六册

——技术分析、基本分析主要技巧运用实战强化训练专辑

定价35.00元

《股市操练大全》第七册

——识顶逃顶特别训练专辑　　　　　　　　定价39.00元

《股市操练大全》第八册

——图形识别技巧深度练习专辑　　　　　　定价45.00元

《股市操练大全》第九册

——股市赢家自我测试总汇专辑　　　　　　定价48.00元

《股市操练大全》第十册

——捕捉黑马关键技巧特别训练专辑　　　　定价48.00元

《股市操练大全》习题集

——熟读炒股七字经，圆你股市赢家梦专辑　定价15.00元

以上图书全国各地新华书店有售，如书店缺货，可直接向上海三联书店出版社邮购（地址：上海市都市路4855号10楼，邮政编码：201100，电话：021-24175971）。

《股市操练大全》习题集读者信息反馈表

姓　　名		性　　别		年　　龄	
入市时间		文化程度		职　　业	
通信地址					
联系电话			邮　　编		

你认为本书内容如何？（欢迎附文）

你希望我们能为你提供哪方面的服务？

读者如有信息反馈给我们，电子邮件请发至：Logea@sina.com，来信请寄：上海市中江路879号9座3楼，徐冰小姐收，邮编：200333，转《股市操练大全》创作中心收。联系电话：021-33872558。

沿线撕下

图书在版编目（CIP）数据

《股市操练大全》习题集 / 黎航主编. ——上海：上海三联书店，2002.1（2025.7重印）

（股市实战强化训练系列练习之一）

ISBN 978-7-5426-1640-1

Ⅰ．①股… Ⅱ．①黎… Ⅲ．①股票—证券交易—习题

Ⅳ．①F830.91-44

中国版本图书馆CIP数据核字（2001）第082803号

《股市操练大全》习题集
——股市实战强化训练系列练习之一

主　　编 / 黎　航
特约编辑 / 沈鸿伟
责任编辑 / 朱美娜
装帧设计 / 何永平
监　　制 / 姚　军
责任校对 / 钱宇浩

出版发行 / 上海三联书店
　　　　　（200041）中国上海市静安区威海路755号30楼
邮　　箱 / sdxsanlian@sina.com
联系电话 / 编辑部：021-22895517
　　　　　　发行部：021-22895559
印　　刷 / 上海惠敦印务科技有限公司

版　　次 / 2002年1月第1版
印　　次 / 2025年7月第45次印刷
开　　本 / 850mm×1168mm　　1/32
字　　数 / 130千字
印　　张 / 6.75
印　　数 / 195201-198200
书　　号 / ISBN 978-7-5426-1640-1/F・340
定　　价 / 15.00元

敬启读者，如发现本书有质量问题，请与印刷厂联系：13917066329